Mein
schönes Pferd

Sabine Küpper

Mein schönes Pferd

Pferde frisieren und präsentieren

Franckh-Kosmos

Mit 15 Farbfotos von Monika und Hans D. Dossenbach (2), Sabine Küpper (12) und Edgar Schöpal (1) sowie 59 Schwarzweiß-illustrationen von Elisabeth Pantelidis, Melle.

Umschlaggestaltung von Atelier Jürgen Reichert, Stuttgart, unter Verwendung von Fotos von Monika Dossenbach, Edgar Schöpal und Sabine Küpper.

Die Deutsche Bibliothek – CIP-Einheitsaufnahme

Küpper, Sabine:
Mein schönes Pferd : Pferde frisieren und präsentieren / Sabine Küpper. – Stuttgart : Franckh-Kosmos, 1995
ISBN 3-440-06877-3

ISBN 3-440-06877-3
Printed in Germany / Imprimé en Allemagne
Satz: Utesch Satztechnik GmbH, Hamburg
Druck und Binden: Huber KG, Dießen

Mein schönes Pferd

Die tägliche Pflege

Pferde sicher anbinden

Selbstverständlich können Sie Ihr Pferd richtig anbinden, denn das machen Sie ja schließlich jeden Tag, und wahrscheinlich ist Ihnen dabei auch noch nie ein Mißgeschick passiert. Aber gerade bei solchen Routinetätigkeiten schleichen sich oft schneller Fehler ein, als man meinen möchte.

Bei einem Freizeitreiter-Turnier wurde mir dies deutlich vor Augen geführt. Die Stimmung war so locker und gemütlich, daß einige Reiter ihre Vierbeiner während der Mittagspause am Zaun der Veranstaltungswiese angebunden hatten. Eines der Pferde senkte den Kopf und versuchte einige Grashalme am Boden zu erwischen. Als es einsah, daß dies Unternehmen nicht von Erfolg gekrönt sein würde, hob es den Kopf, aber »Ach-du-Schreck«, irgend etwas drückte auf sein Genick und ließ es nicht mehr hochkommen. Innerhalb weniger Sekunden verwandelte sich ein gelassenes, fast gelangweiltes Pferd in ein panisches Fluchttier, das mit aller Kraft an seinem Strick zerrte und dabei die Zaunlatte durchbrach. Mit dem Brett im Schlepptau raste es über die Wiese auf eine vielbefahrene Straße zu. Was passiert, wenn ein panisches Pferd am Sonntagnachmittag in den Ausflugsverkehr gerast wäre, kann sich jeder Reiter selbst ausmalen. Dieses arme Geschöpf hatte aber noch Glück im Unglück: Es stolperte über die mitgeschleifte Holzlatte und

Um Unfälle zu vermeiden, ist es wichtig, Pferde immer so sicher und korrekt wie möglich anzubinden.

überschlug sich, so daß es sich eine schwere Beinverletzung zuzog.

Seither achte ich peinlich darauf, meine Pferde so sicher wie nur möglich anzubinden. Das gilt natürlich besonders, wenn ich mit meinem Pferd nicht alltäglich Dinge vorhabe, wie Staubsaugen, Scheren, Waschen oder ähnliches. Eine gut gepflegte Ausrüstung ist die wichtigste Voraussetzung für sicheres Anbinden. Sie sollten es sich zur Gewohnheit machen, den Zustand Ihres Sattel- und Stallzeuges regelmäßig zu überprüfen.

Halfter

Das Halfter sollte auf alle Fälle stabil sein. Welchem Material Sie den Vorzug geben, bleibt Ihnen überlassen. Ein Halfter aus Leder ist nicht nur sehr schön, sondern auch extrem haltbar, wenn es gut verarbeitet ist, dafür braucht es aber auch viel mehr Pflege als ein Kunststoffhalfter.

Ein Nylonhalfter ist vielleicht nicht ganz so strapazierfähig, dafür können Sie es aber, wenn es schmutzig geworden ist, in die Waschmaschine stecken. Egal für welches Material Sie sich auch entscheiden, beim Kauf sollten Sie unbedingt auf die richtige Paßform sowie auf die Anordnung und die Größe der Ringe achten, damit Sie auch einmal eine Führkette einschnallen können.

Anbindestrick oder Anbindekette?

Außer einem Halfter brauchen Sie zum Anbinden entweder einen Strick oder eine Kette. Ein Anbindestrick sollte vor allen Dingen reißfest sein. Genauso wichtig ist natürlich, daß Sie ihn in kritischen Situationen schnell wieder lösen können. Aus diesem Grunde haben sich Stricke mit Panikhaken durchgesetzt. Sie lassen sich durch einen schnellen gezielten Zug sekundenschnell öffnen.

Panikhaken haben den großen Nachteil, daß gerade Ungeübte sie oft ungewollt öffnen, die richtige Bedienung ist aber reine Trainingssache. Leider öffnen sich fehlerhafte Panikhaken bei leichter Beanspruchung von selbst. Am besten probieren Sie beim Kauf im Geschäft aus, ob der Panikhaken einer gewissen Belastung standhält.

Heute ist es in vielen Ställen üblich, die Pferde mit einer Kette anzubinden. Dies ist zwar eine sehr stabile Art der Befestigung, aber zur Sicherheit gehört an das Ende einer solchen Kette auf jeden Fall ein Panikhaken. Einziger Nachteil dieser Ketten ist, daß sich die Anbindelänge oft nur schwer oder gar nicht verändern läßt.

Die Anbindelänge

Binden Sie Ihr Pferd auf etwa eine Ellenbogenlänge an. Dies ist ein gutes Mittelmaß: Lang genug, um dem Pferd eine gewisse Bewegungsfreiheit zuzugestehen, aber kurz genug, damit es nicht mit den Vorderbeinen in den Strick hineingeraten kann, wenn es den Kopf senkt. Am besten passen Sie aber die Anbindelänge Ihren individuellen Bedürfnissen an.

Gerade ein nervöses oder ängstliches Pferd sollten Sie niemals zu kurz anbinden, weil die Begrenzung seines Sichtfeldes und seines Bewegungsraums es nur noch mehr verunsichern würden. Wenn Sie es allerdings auch nur kurz aus den Augen lassen, sollten Sie die Anbindelänge wieder auf das normale Maß verkürzen, damit es in Ihrer Abwesenheit keine Dummheiten machen kann.

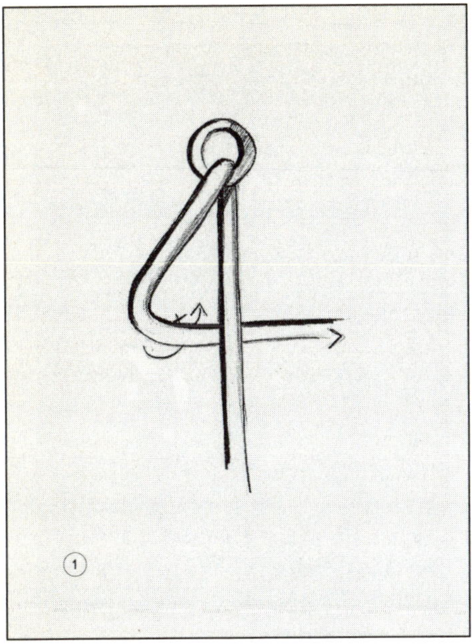

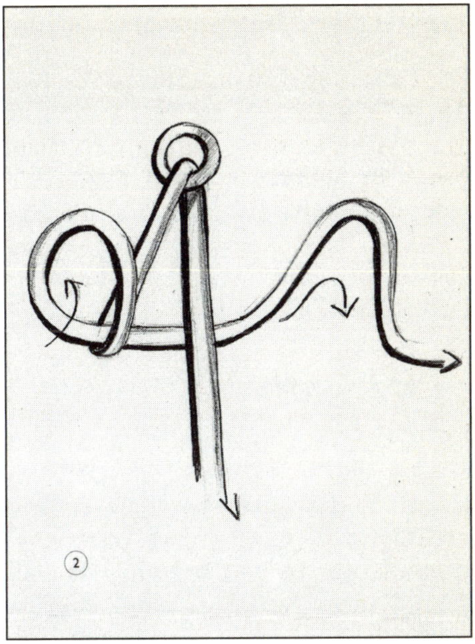

Diesen Sicherheitsknoten kann man in schwierigen Situationen schnell wieder lösen.

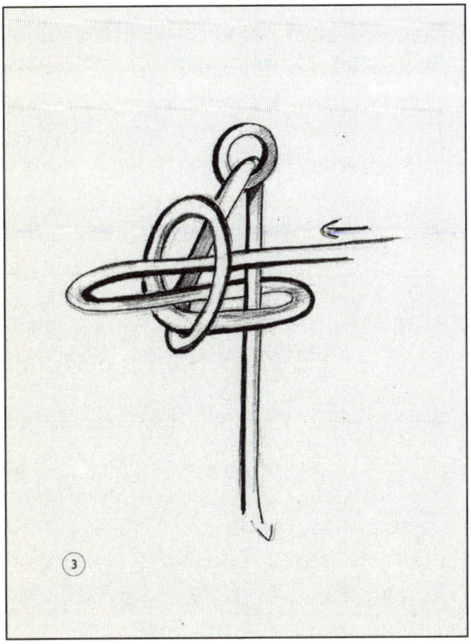

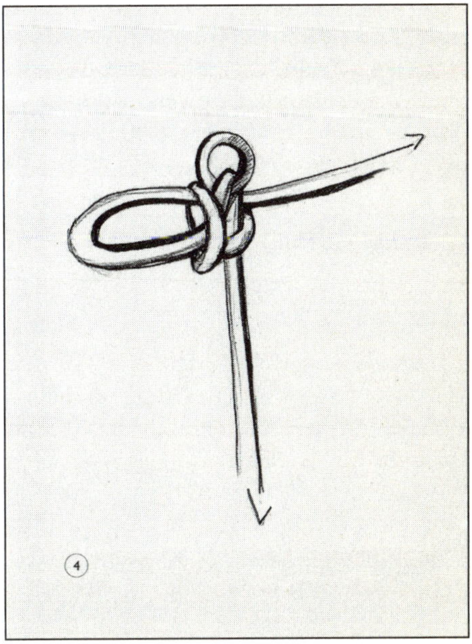

Der Anbindebalken

Der Balken, an dem man ein Pferd anbindet, sollte stabil sein, und die Pfosten, die ihn stützen müssen, einbetoniert sein. Natürlich können Sie auch die praktischen Anbinderinge benutzen, nur sollten diese stabil befestigt und nicht, wie mancherorts üblich, mit vier kleinen Nägeln an die Wand geklammert sein.

Der Anbindeplatz

Es ist in den meisten Fällen nicht sehr günstig, die Pferde auf schlammigem unebenen Boden anzubinden. Leider läßt sich dies aber nicht immer vermeiden. Wenn Sie gezwungen sind, Ihr Pferd auf einer Weide oder im Auslauf anzubinden, dann empfiehlt es sich, alle anderen Pferde ebenfalls anzubinden, denn sonst kommt es schnell zu Problemen mit der Rangordnung innerhalb der Herde.

Um ein Beispiel zu nennen: Das Leitpferd einer Herde möchte ein rangniedriges Tier gerne vertreiben, dieses kann aber nicht ausweichen, weil es angebunden ist, und schon ist eine Keilerei vorprogrammiert.

Ruhig stehen

Zwar ist Ihr Pferd kein Soldat, und es darf sich auch ohne zu zappeln ein bißchen hin und her bewegen. Nichts ist aber nervenaufreibender als ein Pferd, das beim Putzen immer von links nach rechts springt, mit den Hufen scharrt, den Anbindestrick oder seinen Pfleger ankaut und ungeduldig darauf wartet, daß die Prozedur endlich abgeschlossen ist. Geduld ist auch bei Pferden eine Tugend, die sich in den meisten Fällen nicht von alleine einstellt. Hier hilft nur konsequentes Üben, natürlich Ruhe und endlose Geduld im Umgang mit dem Tier.

Die tägliche Körperpflege

Da Pferde und Menschen Gewohnheitstiere sind, putzen Sie Ihr Pferd am besten jeden Tag nach einem ganz bestimmten Schema. Wenn Sie sich ohne Konzept an die tägliche Fellpflege machen, kann es Ihnen leicht passieren, daß der eine oder andere Körperteil einfach vergessen wird.

Außerdem sollten Sie während des Putzens Ihr Pferd genau beobachten. Dann entdecken Sie nicht nur kleine Wunden, die bei sofortiger Behandlung viel besser heilen, sondern auch Empfindlichkeiten in der Rücken- oder Gurtgegend, deren Ursachen meistens beim Reiten oder beim Sattelzeug liegen.

Wenn Sie die Beine putzen, achten Sie genau auf die Klarheit der Sehnen. Prägen Sie sich ihr Aussehen genau ein. So können Sie geschwollene Sehnen viel besser erkennen und möglicherweise die Ursache zurückverfolgen.

Da immer in Fellrichtung geputzt wird, beginnen Sie am besten mit der linken Halsseite und arbeiten sich über die Schulter und den Rücken bis zu den Hinterbeinen vor. So wird weder der Platz zwischen den Vorderbeinen noch die Bauchseite oder die Hinterschenkel vernachlässigt. Fühlen Sie mit der Hand nach, ob sich nicht doch irgendwo an einer schlecht einsehbaren Stelle eine Schmutzkruste verbirgt. Dann kommt die andere Seite an die Reihe, beginnen Sie auch hier wieder vorne am Hals. Den Kopf nehmen Sie sich zuletzt vor.

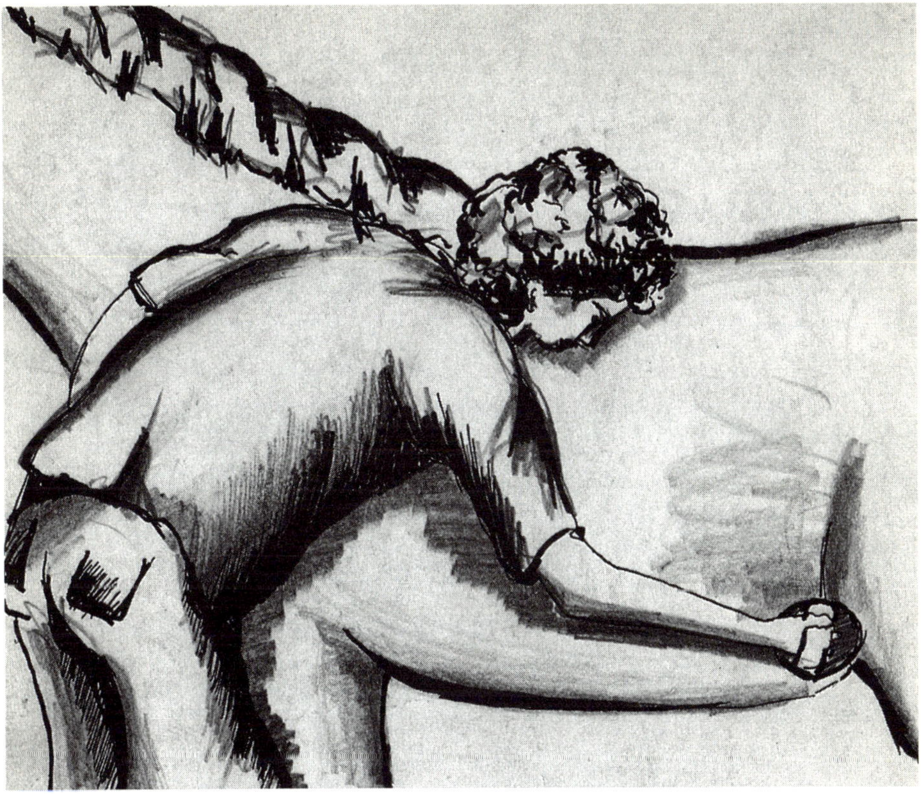

Vergessen Sie nicht, Ihr Pferd auch unter dem Bauch zu putzen.

Kardätsche und Striegel

Bei Pferden, die in einer Einzelbox gehalten werden, muß das Putzen mit Kardätsche und Striegel die gegenseitige Fellpflege ersetzen, die das Tier sonst mit seinem Artgenossen betreiben würde. Durch das Putzen wird der Kreislauf und die Durchblutung der Haut angeregt. Die Bürstenstriche sollten daher regelmäßig, lang und fest, aber nicht hart sein. Selbstverständlich müssen Sie auf die Knochen und die Wirbel Rücksicht nehmen.

Beginnen Sie mit dem Plastikstriegel, den Schmutz mit kreisenden Bewegungen sanft zu lösen. Dieser Striegel nimmt lose Haare hervorragend auf. Klopfen Sie ihn regelmäßig auf einem harten Gegenstand, aber möglichst nicht gegen die Wand aus, denn dort wird nur unnötig Staub verwirbelt.

Als Rechtshänder halten Sie die Kardätsche in der rechten und den Striegel in der linken Hand. Nach jedem weiteren Bürstenstrich wird die Kardätsche zur Reinigung über den Striegel gezogen. Sobald sich im Striegel Schmutz gesam-

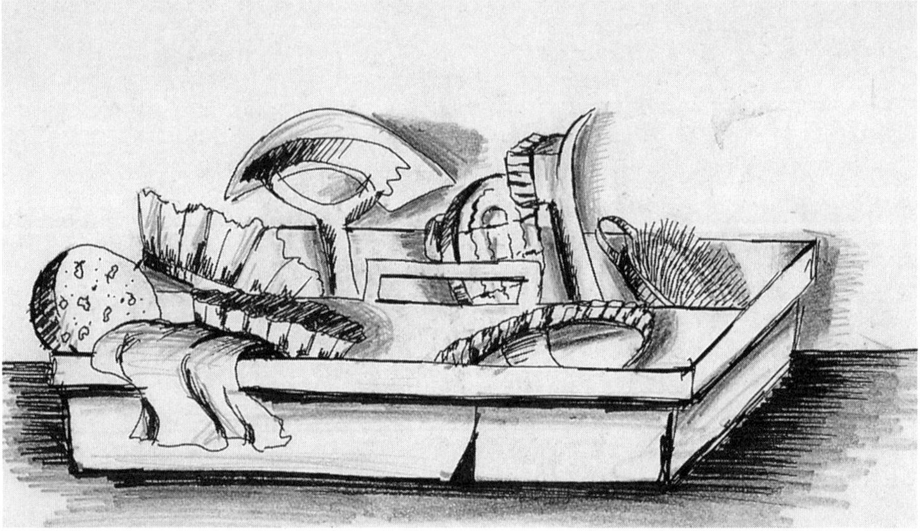

Ein gut sortierter Putzkasten mit sauberem und gepflegtem Putzzeug erleichtert die Arbeit und macht die tägliche Körperpflege für das Pferd noch angenehmer.

Man sieht es einem Pferd an, ob es das Putzen genießt oder ob es sich bei der täglichen Fellpflege ängstlich verkrampft. Das zufriedene »Putzgesicht« erkennt man an entspannt herunterhängenden Ohren, schläfrigen Augen und einer hängenden Oberlippe.

melt hat, klopfen Sie ihn kurz aus. Wichtig ist, daß sich Ihr Pferd beim Putzen wohlfühlt und die täglichen Streicheleinheiten genießt.

Die Wurzelbürste

Den groben Schmutz an den Beinen entfernen Sie am besten mit einer Wurzelbürste. Abschließend putzen Sie dann noch einmal mit einer Kardätsche nach. Richten Sie Ihre Aufmerksamkeit beson-

Mit einem Putzhandschuh können Sie das Pferd massieren und dabei den Druck besonders fein variieren (rechts).

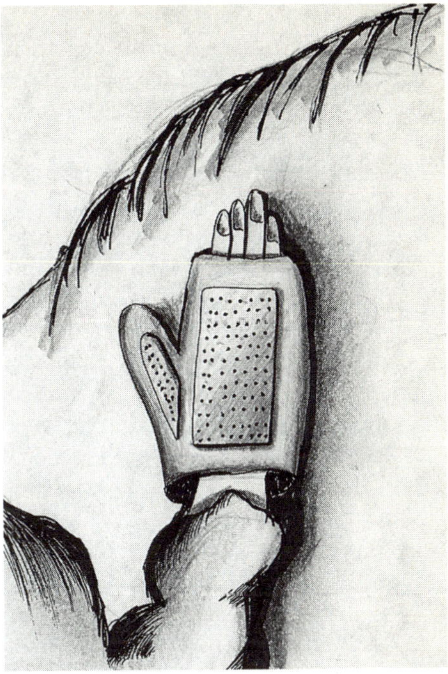

ders auf die Fesselbeuge. Sie ist ein ausgesprochen anfälliger Bereich. Verdeckt durch den dichten Fesselbehang, kann hier schnell durch Schmutz und Feuchtigkeit Mauke (siehe S. 25) entstehen.

Der Putzhandschuh

Ein Putzhandschuh kann bei kitzeligen Pferden sehr wirksam sein, denn mit ihm lassen sich kleine Schmutzkrusten in der Bauchregion oder an anderen empfindlichen Stellen leicht lösen. Er hat außerdem eine massierende Wirkung, die besonders Stallpferde oft als sehr angenehm empfinden.

Das Kaktustuch

Bevor Sie das Kaktustuch zum ersten Mal einsetzen, müssen Sie es 24 Stunden in Wasser einweichen, damit es die richtigen Pflegeeigenschaften bekommt. Das Kaktustuch ist vielseitig einsetzbar, denn Sie können damit groben Schmutz losrubbeln, aber auch den letzten Staub aus dem Fell wischen. Sollte das Tuch einmal völlig verschmutzt sein, können Sie es einfach wieder mit Wasser oder, bei groben Verschmutzungen, auch mit Waschmittel auswaschen.

Während des Fellwechsels müssen Sie Ihr Pferd besonders gründlich putzen, da viele Pferde in dieser Zeit zu Schuppenbildung neigen, die zusammen mit den lockeren Haaren leicht Juckreiz verursachen (unten).

Der Fellwechsel

Während des Fellwechsels ist gründliches Putzen besonders wichtig, denn die losen Haare jucken und stören das Pferd. Bei den meisten Ponyrassen und anderen

Offenstallpferden mit langen, dichten Haaren benutzen Sie am besten einen Hundestriegel. Das Herauskämmen der Haare ist eine langwierige Prozedur, und bei manchen Ponys meint man, es würde nie ein Ende nehmen. Oftmals sieht der Anbindeplatz nach dem Putzen wie ein Fellteppich aus. Am besten stellen Sie einen Eimer in die unmittelbare Nähe und werfen die Haare sofort hinein. Wenn der Wind die ganze Pracht erst einmal gleichmäßig über den Hof verteilt hat, wird das Aufkehren der Haare wesentlich aufwendiger. Außerdem bekommen die meisten Pferde genug Staub ab, so daß sie nicht noch umherfliegende Haare einatmen sollten.

Individuelle Pflege

Die Pflege eines Pferdes muß natürlich auf das jeweilige Tier abgestimmt sein. Sie müssen berücksichtigen, ob Ihr Pferd in einem Offenstall, auf der Weide oder in einer Box lebt. Natürlich muß die Art der Pflege auf diese verschiedenen Gegebenheiten zugeschnitten sein.

So brauchen Offenstallpferde eine regenabweisende Fettschicht im Fell, denn nur so können ihre Haare den Regen wirksam abweisen. Durch tägliches, allzu gründliches Wienern, oder gar Waschen mit Shampoo, zerstört man diese natürliche Fettschicht. Auch bei Offenstallpferden müssen die Partien, auf denen das Lederzeug liegt, peinlich sauber gehalten werden, denn sonst kann es zu schmerzhaftem Satteldruck kommen.

Wenn Sie tagtäglich mit dem Pferd umgehen, können Sie das Putzen als eine Art Stimmungsbarometer nutzen. Sie können aus seinem Verhalten erfahren, wie es dem Pferd heute geht, und ob ihm der lange Ritt von gestern noch in den Gliedern steckt. Aber auch bei Ihnen unbekannten Pferden sollten Sie sich mit dem Putzen Zeit lassen. So lernt das Pferd schon einmal Ihre Gesten und Ihre Stimme kennen. Es hört Sie loben, beruhigen, tadeln, und es lernt so, Sie zu verstehen. Mit der Zeit entsteht eine Vertrautheit, die zu einer Freundschaft wird, so wissen Sie dann, wo sich Ihr Pferd am liebsten putzen läßt, ja, wo es gekratzt werden möchte und wo aus dem Putzen ein Fellkraulen wird. Putzen ist dann für beide Partner nicht nur eine lästige Pflicht, die zum Reiten gehört, sondern ein Freundschaftsdienst.

Die Gesichtspflege

Den meisten Pferden ist es sehr unangenehm, wenn man sie am Kopf putzt. Versuchen Sie also diese Prozedur für das Pferd so erfreulich wie möglich zu gestalten. Pferde haben wie Menschen auch verschiedene Abneigungen und Vorlieben. So mögen es einige, sanft massiert zu werden, während andere das energische Kratzen vorziehen. Versuchen Sie herauszufinden, zu welchem Typ Ihr Pferd gehört.

Was mag mein Pferd?

Nehmen Sie das Halfter vom Kopf und legen Sie es über den Hals. Halten Sie beim Putzen den Kopf Ihres Pferdes so wie beim Aufzäumen fest. Das gilt besonders für den Fall, daß Ihr Pferd zum Zappeln neigt, und Ihnen so die Kontrolle über den Kopf verloren geht. Allzu schnell passiert es sonst, daß Sie mit Ihrer

Bürste ausrutschen und gegen die empfindlichen Gesichtsknochen schlagen. Beim nächsten Mal wird Ihr Pferd sich dann an dieses schmerzhafte Ereignis erinnern und versuchen, sich dieser Prozedur durch vermehrtes Zappeln zu entziehen.

Gerade im Sommer, wenn das Pferd viel schwitzt, juckt es der ganze Kopf. Wischen Sie dann den Schweiß mit einem feuchten Schwamm weg. Aber Vorsicht, lassen Sie dabei kein Wasser in die empfindlichen Ohren, Augen oder Nüstern laufen! Machen Sie das Putzen für das Pferd angenehmer, indem Sie es an den juckenden Stellen kratzen.

Wenn Ihr Pferd lieber kräftig geputzt wird, verwenden Sie am besten einen Putzhandschuh, denn damit können Sie den ausgeübten Druck sehr gut variieren.

Sie erleichtern sich die Arbeit, wenn Sie beim Putzen den Kopf des Pferdes gut festhalten. Dazu stellt man sich rechts neben das Pferd und hält mit der linken Hand den Kopf fest.

Kopfscheue Pferde

Lassen Sie sich und Ihrem Pferd bei der Kopfpflege Zeit. Versuchen Sie es nicht nach der »Hau-ruck-Methode« und dem Motto »Mein Pferd muß sich im Gesicht anfassen lassen!«. Zwar ist dies im Prinzip

Kur für kopfscheue Pferde
Wenn Sie ein Pferd haben, das sich im Gesicht schlecht anfassen läßt, beginnen Sie am besten damit, den Bereich um die Stirnwirbel mit kreisförmigen Bewegungen zu massieren. Sie können dazu Ihre Finger oder auch eine kleine, weiche Bürste benutzen. Arbeiten Sie sich dann langsam zur Kinn- und Maulpartie vor. Gehen Sie auch zu den Ohren. Gerade dort juckt es viele Pferde, weil sie sich hier nur sehr schlecht selbst kratzen können und weil hier auch das Zaumzeug häufig juckt.

Achten Sie während der Massage auf die Mimik Ihres Pferdes, und wenn es ernsthaft versucht, sich zu entziehen, lassen Sie es ein paar Minuten in Ruhe und versuchen es dann an einer anderen Stelle noch einmal. Überhaupt sollten Sie diese Prozedur bei Pferden, die am Kopf empfindlich sind, möglichst kurz halten und mit einer Belohnung beenden.

Pferde entspannen sich besonders gut, wenn man ihnen die Ohren sanft massiert.

richtig, aber Ihr Pferd sollte dies aus freien Stücken mit sich geschehen lassen, die Pflege am besten genießen und sich nicht nur in sein Schicksal ergeben, weil es gerade keine Möglichkeiten zur Gegenwehr hat.

Die Ohren

Auch die Ohren müssen vom Schmutz gereinigt werden, aber dies ist leichter gesagt als getan. Schließlich sind beim Pferd die Ohren der höchste Punkt. Kann sich das Tier nicht für Ihr Vorhaben begeistern, dann kommen Sie in vielen Fällen auch mit einem Stuhl nicht weiter. Stoßen Sie bei dem Versuch, die Ohren zu reinigen, auf entschiedene Ablehnung, müssen Sie erst langsam das Vertrauen Ihres Pferdes gewinnen und es davon überzeugen, daß es sich bei der Ohrenpflege eigentlich um eine ganz angenehme Sache handelt.

Die Augen

Die Hautpartie rund um die Augen muß vor allem im Sommer sorgfältig von ausfließendem Augensekret gereinigt werden, das Fliegen anzieht, die das Auge zusätzlich reizen. Dies kann zu einer Augenentzündung oder schlimmstenfalls sogar zur Erblindung führen. Wenn Ihr

So bekommen Sie die Ohren zu fassen
Massieren Sie den Hals den Mähnenkamm entlang, und tasten Sie sich langsam bis zu den Ohren vor. Aber Vorsicht, für viele Pferde ist das Genick ein äußerst sensibler Punkt. Wenn Ihr Pferd also am Genick extrem druckempfindlich reagiert, überspringen Sie diese Stelle bei Ihrer Massage einfach. An den Ohren angekommen, umfassen Sie behutsam die Ohrmuschel und gehen mit dem Daumen sanft auf und ab. So gewöhnt sich das Pferd langsam an Berührungen in diesem empfindlichen Bereich.

118

65

Seite 17 oben und unten:
Der besondere Schmuck von Haflingern, Friesen und Welsh-Ponys liegt in ihrem üppigen Langhaar. Um seinem Pferd an einem besonderen Tag zu solch einer Pracht zu verhelfen, flechtet man die feuchten Haare am Vortag ein (oben), öffnet am nächsten Morgen die Zöpfe wieder vorsichtig und bürstet die Mähne kräftig durch, bis sie üppig fällt (unten).

Links oben: Bei diesem Fjordpferd sieht man den dänischen Schnitt der Stehmähne, bei dem die weißen und schwarzen Haare alle auf eine Länge gekürzt wurden. Bei Stehmähnen schneidet man nicht alle Haare gleich, sondern die Mähne wird in der Nähe vom Genick und vom Widerrist am stärksten gekürzt. Der entstandene weiche Bogen unterstreicht die Wölbung des Halses.
Unten: Von hinten sieht man bei diesen drei Fjordpferden wunderschön den schwarzen Aalstrich, der sich durch die Mähne bis in den Schweif erstreckt.

Pferd im Sommer verstärkt unter Fliegenbefall zu leiden hat, sollten Sie für wirksame Abhilfe sorgen. Eine Möglichkeit ist ein Fliegenschutz, den Sie im Geschäft kaufen oder der sich auch mit einfachen Mitteln selber basteln läßt. Sie können aber auch nach der Reinigung eine speziell auf die empfindliche Kopfpartie abgestimmte Anti-Fliegen-Lotion auftragen.

Die Nüstern

Die Pferdenase wird ebenso wie alle anderen Körperteile gesäubert. Wenn Sie bei der Reinigung Nasenausfluß entdekken, sollten Sie nochmals genau hinsehen. Bei gesunden Pferden ist der Nasenausfluß wäßrig, auf beiden Seiten gleichstark und geruchlos. Wenn der Nasenausfluß allerdings eine weißliche oder gelbe Färbung aufweist, sollten Sie einen Tierarzt zu Rate ziehen.

Pferde waschen und scheren

Warum sollte man ein Pferd waschen?

In der freien Wildbahn werden Pferde schließlich auch nicht gewaschen, denn dort erledigt der Regen diese Arbeit. Selbstverständlich stellen sich Pferde in der Natur nicht unter einen Wasserschlauch, aber in der freien Wildbahn werden sie auch nicht geritten. Zwar bewältigen auch Wildpferde weite Strecken, jedoch ist ihre vorherrschende Gangart der ruhige Schritt, und dabei schwitzen Pferde bekanntlich nur sehr selten.

Reinigung des Fells

Schauen Sie sich aber einmal einen Schimmel nach einer harten Trainingseinheit an. Deutlich sind da die Spuren zu sehen, die wahre Schweißbäche zusammen mit Schmutz und Staub hinterlassen haben. Schwarzgrau ist das Fell dann verklebt. Ein so verkrustetes Pferd stellen nur die wenigsten Reiter wieder in die Box. Die meisten werden zum Wasserschlauch greifen, um das Pferd von seinem Schweißmantel zu befreien. Da bei dunkleren Pferden die Verschmutzung meist nicht so auffällt, werden sie dagegen nach anstrengender Arbeit oft ohne schlechtes Gewissen wieder in die Box gestellt. Wie sehr den Pferden der Schweiß auf der Haut brennt, können Sie daran erkennen, daß die Vierbeiner jede Möglichkeit zum Kratzen wahrnehmen.

Juckreiz lindern

Das Trockenreiben von verschwitzten Pferden mit Stroh, wie es jahrhundertelang propagiert wurde, steigert dieses Hautjucken sogar noch. Stellen Sie sich nur vor: Sie kommen nach einem anstrengenden Arbeitstag tropfnaß geschwitzt nach Hause, und anstatt der heiß ersehnten Dusche finden Sie nur ein Handtuch vor, mit dem Sie den Schweiß gleichmäßig verteilen können.

Wenn Ihr Pferd in einem Offenstall oder einer großen Box lebt, kann es sich wenigstens noch wälzen und so den Juckreiz mildern. Ausgiebiges Wälzen sollten Sie auch einem Boxenpferd ermöglichen. Wenn Sie Ihr Pferd nach schweißtreibender Arbeit immer mit klarem Wasser abwaschen und dann auf einem sandigen Untergrund freilassen, wird es sich mit ziemlicher Sicherheit hinlegen und genüßlich wälzen. In den meisten Reitställen bietet dazu der Außenplatz oder ein Longierzirkel ausreichend Gelegenheit. Hat ein Pferd sich einmal an diese Vorgehensweise gewöhnt, wird das Wälzen nach dem Absatteln zum Ritual. Es wird sich auch dann wälzen, wenn andere Pferde in der Bahn sind und Sie Ihren Vierbeiner an einem Strick festhalten müssen. So angenehm und unerläßlich ist ihm diese natürliche Körperreinigung. Das Staubbad hat aber auch den Vorteil: Das Haarkleid lockert sich wieder auf, und das Fell trocknet besser.

Es ist auf jeden Fall sinnvoller, ein Pferd vor dem Wälzen mit klarem Wasser zu waschen, denn Schweiß trocknet nicht nur wesentlich schlechter als Wasser, er verklebt auch noch zusätzlich Haare und Poren und verhindert so das Atmen der Haut. Ein starker Juckreiz ist das Resultat. Des weiteren bietet ein schweißverklebtes Haarkleid keinen Schutz vor Regen und Kälte. Im Sommer wird ein sauberes Pferd zusätzlich auch wesentlich weniger von Fliegen belästigt.

Wie wasche ich mein Pferd?

Wenn Sie Ihr Pferd mit kaltem Wasser waschen, müssen Sie auf jeden Fall vorsichtig bei den Beinen beginnen. Tasten Sie sich dann langsam mit Auf- und Abwärtsbewegungen über die Vorderbeine zu Schulter und Hals vor. Weiter geht es über die Hüften bis zur Kruppe. In der Nierenpartie sind Pferde gegen kaltes

Das Wälzen ist für das Pferd die natürlichste Körperpflege.

Hilfsmittel

Besonders praktisch beim Waschen von Pferden sind Spritzdüsen, die Sie mittlerweile auf jeden Gartenschlauch stecken können. Die meisten Düsen lassen sich stufenlos verstellen. Damit können Sie das Wasser fein und weich rieseln lassen oder, wenn Ihr Pferd dies lieber mag, auch einmal zu einem stärkeren Strahl bündeln.

Sehr bewährt haben sich Sprühdüsen mit Pistolengriff. Wenn Sie den Griff loslassen, versiegt der Wasserstrahl sofort. Dies ist beim Shampoonieren sehr praktisch, denn Sie müssen nicht mit glitschigen Fingern eine aalglatte Düse wieder aufdrehen.

Ebenfalls sehr praktisch ist es, den Wasserschlauch an einem hohen Schwenkarm zu befestigen. So hat das Pferd gar keine Gelegenheit, auf den Wasserschlauch zu treten, und es fürchtet sich auch nicht vor der »Schlange«, die sich um seine Beine windet. Allerdings müssen sich die Pferde erst an den Schwenkarm gewöhnen, der über ihren Köpfen hin und her pendelt.

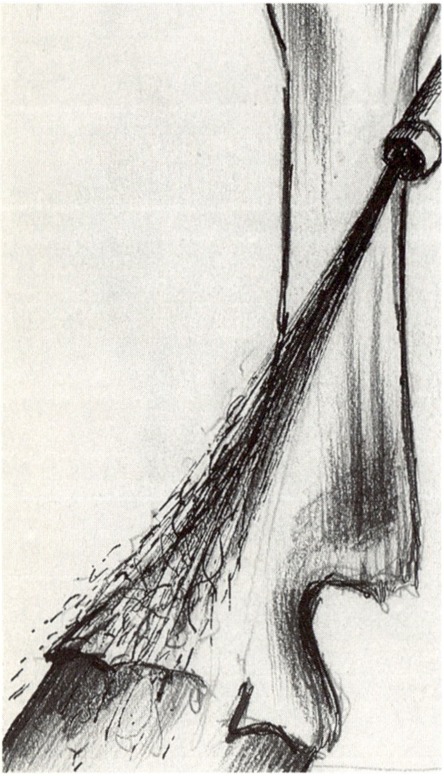

Wasser besonders empfindlich, deshalb ist in diesem Bereich Vorsicht mit dem Wasserschlauch angebracht. Nach dem Abspritzen des Körpers sollten Sie das überschüssige Wasser in Fellrichtung mit einem Schweißmesser abstreifen. Vergessen Sie den Bauch nicht, hier sammelt sich immer besonders viel Wasser.

Den Kopf sollten Sie auf jeden Fall beim Abspritzen aussparen, allzu leicht gerät sonst Wasser in Augen, Ohren oder Nüstern und verursacht möglicherweise Panik. Die Reinigung des Kopfes mit einem feuchten Schwamm ist wesentlich einfacher und weniger erschreckend für das Pferd.

Übrigens greift das Waschen mit klarem Wasser die hauteigene Fettschicht

Um das Pferd langsam an das fließende Wasser zu gewöhnen, ist es ratsam, beim Waschen immer an den Hufen zu beginnen. Von da aus arbeitet man sich an den Beinen hoch, bis der Körper abgespritzt wird. Den Kopf sollte man dabei immer aussparen.

Shampoonieren Sie den Schweif Ihres Pferdes gründlich mit einem milden Shampoo und waschen Sie ihn hinterher ebenso sorgfältig wieder aus. Shampoorückstände verursachen einen unangenehmen Juckreiz.

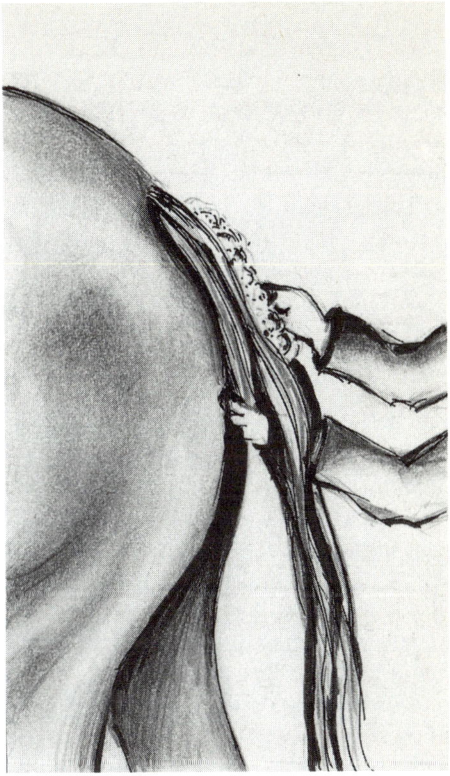

nicht an. Sie können also auch Offenstallpferde beliebig oft mit Wasser waschen.

Da der Strahl die Blutzirkulation anregt, sollten Sie Ihr Pferd sehr langsam an das Duschen heranführen. Denken Sie schon beim Reiten daran. Sie sollten mindestens zehn Minuten Schritt geritten sein, bevor Sie die Arbeit beenden. So wird es Ihnen nie passieren, daß Sie ein erhitztes Pferd mit kaltem Wasser übergießen.

Selbstverständlich brauchen Sie Ihr Pferd nicht von Kopf bis Fuß zu waschen, wenn es nur unter der Sattellage geschwitzt hat. Trotzdem sollten Sie mit dem Waschen an den Hufen und den Beinen beginnen. Für die Pferde ist warmes Wasser natürlich viel angenehmer. Leider steht es nicht in allen Ställen zur Verfügung. Die Fesselbeuge muß nach dem Abspritzen besonders sorgfältig mit einem Tuch abgetrocknet werden, sonst besteht Maukegefahr.

Das Trocknen

Nasse Pferde müssen an einem absolut zugfreien Ort trocknen! Mit einer Abschwitzdecke können Sie diese Prozedur beschleunigen, weil diese das Wasser sehr gut aufnimmt. Allerdings müssen Sie die Decke, sobald sie sich mit Wasser vollgesaugt hat, sofort wieder abnehmen, da sie sonst das weitere Abtrocknen eher verhindert als fördert.

Im Winter ist ein Solarium sehr praktisch. Unter der »Sonne« aus der Steckdose trocknet das Pferd nicht nur wie von selbst, sondern es kann sich auch noch in der wohligen Wärme nach getaner Arbeit entspannen. Anschließend müssen Sie Ihrem Pferd allerdings die Möglichkeit geben, sich wieder an die normale Stall- oder Außentemperatur zu gewöhnen, sonst ist eine Erkältung oder Schlimmeres vorprogrammiert. Am besten geschieht dies, indem Sie das Pferd noch 10–15 Minuten unter dem abgeschalteten Solarium stehen lassen, denn dann nimmt die Temperatur nur ganz allmählich ab. Ist es ausreichend abgekühlt, können Sie es wieder in den Auslauf entlassen. Dort wird sich Ihr Vierbeiner natürlich sofort wälzen. Ärgern Sie sich nicht, ein Bad im Sand ist eben seine Vorstellung von Reinlichkeit. Auch einem Boxenpferd sollten Sie diese Freude gönnen, erhöht doch diese Art der Körperpflege das Wohlbefinden ganz erheblich.

Waschen mit Shampoo

Soll ein Pferd für eine Schau besonders glänzen, muß es mit Shampoo gewaschen werden. Hierzu können spezielle Pferdeshampoos oder auch milde Haarshampoos verwendet werden. Wichtig ist, daß der Schaum sehr sorgfältig wieder aus dem Fell herausgewaschen wird. Achten Sie dabei besonders auf die schwer zugänglichen Stellen, wie die untere Mähnenseite, die Stellen zwischen den Beinen und unter dem Bauch. Wenn das Shampoo auf der Haut bleibt, verursacht es mit Sicherheit einen starken Juckreiz und, wenn Sie Pech haben, sogar eine Allergie.

Es kann aber auch medizinische Gründe geben, daß ein Pferd gewaschen werden muß. Wenn sich Parasiten in Mähne und Haarkleid niedergelassen haben oder auch bei Pilzerkrankungen sind gründliche Waschungen meist unumgänglich.

Dreckverkrustungen entfernen

Gerade in Offenställen kommt es im Winter immer wieder vor, daß sich Schlammlöcher bilden. Unter normalen Umständen legen sich Pferde lieber an trockene Stellen, aber wenn Ihr Pferd nun doch im Matsch gelegen hat, müssen Sie diese Stellen unbedingt sorgfältig säubern, und wenn sie noch so verfilzt und schlammverkrustet sind. Ignorieren Sie diese Notwendigkeit, werden diese Stellen von Tag zu Tag größer, und bei Reitpferden führt dies ganz unweigerlich zu Sattel- oder Gurtdruck. Am besten waschen Sie gerade im Winter diesen Dreck mit warmem Wasser aus, auch wenn es noch so lange dauert. Wenn Ihnen dies zu mühselig erscheint, bleibt Ihnen als letzter Ausweg nur noch die Schere.

Wasserscheue Pferde

Es gibt natürlich die verschiedensten Gründe, warum sich Pferde nicht waschen lassen wollen. Meistens hat das Pferd Angst vor dem Wasserschlauch, aber mit etwas Geduld legt sich die Furcht bald. Binden Sie Ihr Pferd an einem sicheren Ort an, und machen Sie es behutsam mit dem Plastikschlauch bekannt. Wenn das Pferd sehr unsicher ist, lassen Sie den Wasserhahn erst einmal zugedreht. Manchmal ist es auch hilfreich, ein ruhiges, sicheres Pferd in die unmittelbare Nähe zu stellen, denn oft überträgt sich dessen Gelassenheit auf den Lehrling. Während Sie dem Pferd den Schlauch zeigen, reden Sie ihm freundlich zu, loben Sie es, vielleicht kann auch ein kleiner Leckerbissen den »Angsthasen« überzeugen. Wenn der Versuch erfolgreich war und es die »Plastikschlange« um seine Füße mutig erduldet, können Sie das Wasser laufen lassen. Begnügen Sie sich am Anfang nur mit einem kleinen Plätschern, denn der feste Strahl könnte dem Pferd einen neuen Schreck einjagen. Am besten lassen Sie das Wasser am Anfang ein wenig vor seinen Augen plätschern, sobald es sich an das Geräusch gewöhnt hat, lassen Sie das Wasser erst vor und dann auf seine Hufe rieseln. Neh-

men Sie sich viel Zeit. Ein ängstliches Pferd an das Waschen mit einem Gartenschlauch zu gewöhnen, ist eine anspruchsvolle Aufgabe, deren Bewältigung sehr lange dauern kann.

Ängstliche Pferde werden beim Anblick eines Wasserschlauches und beim Zischen des Wassers ängstlich versuchen, sich zu entziehen. Mit viel Geduld und Ruhe gewöhnt man wasserscheue Pferde ans Waschen.

Mauke

Mauke ist eine eitrige schorfige Wunde in der Fesselbeuge, die Pferde sehr leicht in feuchtem Klima bekommen können. Boxenpferde sind dabei besonders gefährdet, da die verschmutzte feuchte Einstreu die empfindliche Haut zusätzlich reizt. Da die Fesselbeuge ständig in Bewegung ist, können Entzündungen in diesem Bereich nur sehr schlecht ausheilen. Besondere Reinlichkeit ist an dieser Stelle daher unerläßlich. Bei Offenstallpferden sollten Sie der Fesselbeuge im Winter vermehrt Aufmerksamkeit schenken, weil auch matschige Ausläufe diese Krankheit hervorrufen können.

Wenn Sie Mauke verhindern wollen, müssen Sie für eine gute Stallhygiene sorgen und die Fesselbeuge nach dem Duschen immer besonders gründlich abtrocknen. Ist es bereits zu spät, können Sie die Fesselbeuge jeden Tag mit Kernseife reinigen, mit Wasser gründlich nachspülen und dann gut abtrocknen. Anschließend sollten Sie Melkfett auf die Wunde geben. Fahren Sie mit dieser Behandlung fort, bis keine Spuren mehr zu sehen sind. Der natürliche Kötenbehang hält das an den Beinen herablaufende Wasser von der Fesselbeuge fern.

Scheren

Wenn Sie mit Ihrem Pferd auch im Winter konsequent trainieren, kann das Scheren sehr hilfreich sein. In England und auch in den USA, wo viele Pferde aus verschiedenen Gründen geschoren werden, hat man das Scheren bis zur Perfektion entwickelt. Für jeden Zweck gibt es dort eine passende Schur.

Die vollständige Schur und der »Hunter Clip«

So kennt man neben der vollständigen Schur, bei der das gesamte Deckhaar einschließlich das der Beine geschoren wird, auch den sogenannten »Hunter Clip«, bei dem die Pferde nur an der Sattellage geschoren werden. Es soll Jagdpferde vor Verletzung durch dichtes Buschwerk oder Dornen schützen. Bei diesen beiden Schermethoden ist eine Aufstallung notwendig, und die Pferde müssen eingedeckt werden, wenn Sie ihnen Auslauf im Freien gönnen. Sie stellen also keine große Alternative zu dem in Deutschland

Beim Hunterschnitt wird nur die Sattellage freigeschoren.

üblichen Eindecken dar. Durch das Auflegen einer warmen Decke verhindert man, daß den Pferden ein dichtes Winterfell wächst.

Die Strichschur

Eine Schur, die auch in Deutschland bei Robustpferden schon Einzug gehalten hat, ist der sogenannte »Trace Clip«. Die Strichschur, wie wir diesen Schnitt in Deutschland nennen, wird hauptsächlich bei Offenstallpferden angewendet, die im Winter stark beansprucht werden. Hierzu wird nur ein schmaler Strich in Höhe der Flanken entlang allen Körperteilen freigeschnitten, an denen sich normalerweise der Schweiß sammelt. So kann die Feuchtigkeit schneller verdunsten. Trotzdem bietet das verbleibende Fell noch einen ausreichenden Schutz vor der kalten Witterung.

Am besten scheren Sie das Pferd zum erstenmal im November, wenn das Winterfell seine volle Länge erreicht hat. Da das Fell schnell wieder nachwächst, kann es sein, daß Sie nach zwei Monaten noch einmal nachscheren müssen. Bevor Sie mit dem Scheren anfangen können, sollte das Fell gründlich gereinigt worden sein. Wenn Sie Ihr Pferd zum erstenmal scheren, machen Sie zur Vorsicht am besten mit Glyzerinseife Begrenzungsstriche ins Fell, wenn Sie dann über diese Markierung hinaus scheren, stoppt die Schere automatisch. Pferde, die so geschoren wurden, können auch weiterhin im Offenstall gehalten werden, weil alle kälteempfindlichen Partien immer noch ausreichend geschützt sind.

Bei der Strichschur wird nur eine feine Linie an jeder Seite freigeschnitten.

Die Hufpflege

Hufpflege ist für alle Pferde gleichermaßen wichtig, egal ob sie beschlagen sind oder ohne Hufeisen gehen. Sie sollten die Hufe möglichst täglich kontrollieren und reinigen, auf jeden Fall aber vor und nach einem Ritt auskratzen, damit im Huf eingeklemmte Steine nicht zu einer Lahmheit führen können.

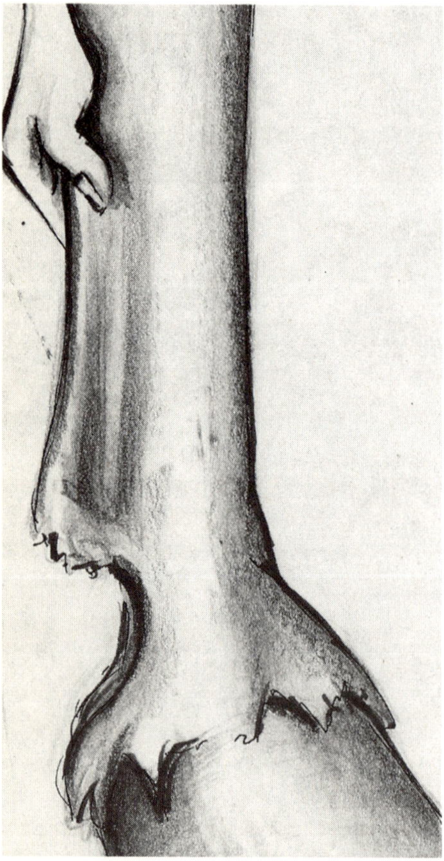

Hufe auskratzen

Am einfachsten ist es, wenn Sie Ihrem Pferd beibringen, auf ein bestimmtes Zeichen hin den Huf zu heben. Wenn möglich, sollten Sie darauf verzichten, sich gegen die Schulter Ihres Pferdes zu lehnen, wie dies immer noch in einigen Reitställen gelehrt wird. Gerade junge Pferde reagieren darauf sehr unwillig, bringt sie doch dieses Geschubse immer aus dem Gleichgewicht.

Am besten gehen Sie mit Ihrer Hand am Bein entlang und drücken oberhalb der Fesselgelenke mit Daumen und Zeigefinger auf die Sehne und sagen dabei Ihr Kommando. Am gebräuchlichsten sind »Huf!« oder »Fuß!«. Reagiert Ihr Pferd nicht auf dieses Zeichen, können Sie auch den Fesselbehang nach oben ziehen. In den meisten Fällen wird das Pferd daraufhin den Huf heben. Wenn Sie es richtig machen wollen, achten Sie darauf, daß das Pferd nicht sofort seinen Huf

Pferde sollten auf einen leichten Druck mit dem Daumen auf die Röhre ihre Hufe heben.

hebt, wenn Ihre Hand das Bein berührt. Es soll auf das Kommando warten. Dies hat nichts mit Erbsenzählerei zu tun, sondern hat ganz praktische Gründe: Versuchen Sie einmal bei einem solchen Pferd, die Sehnen zu untersuchen oder einen Verband anzulegen.

Wenn Sie nun den Huf hochgehoben haben, setzen Sie den Hufkratzer am Strahl an und führen ihn nach unten. So fällt der Schmutz nach unten auf den Boden. Ich habe allerdings immer das Gefühl, daß es von unten nach oben leichter geht, habe diese Marotte aber auch schon bei vielen anderen Pferdeleuten beobachtet. Sie hat nur einen Nachteil, man schiebt sich den Schmutz auf die eigene Hose oder Hand. Nehmen Sie sich beim Auskratzen Zeit, und lassen Sie den Huf nach getaner Arbeit nicht einfach los, so daß er auf den harten Boden plumpst, sondern setzen Sie ihn vorsichtig ab.

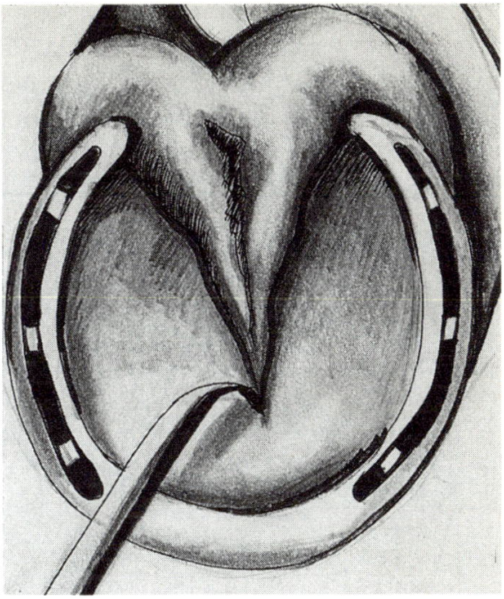

Die Hufe sollten täglich und nach jedem Ritt gründlich ausgekratzt und kleine Steinchen sorgfältig entfernt werden.

Die richtige Hufpflege

Folgendes Zubehör sollten Sie für die Hufpflege bereithalten: einen Hufkratzer, eine Wurzelbürste, einen Schwamm, einen Pinsel und außerdem Schmierseife, Huffett und Hufteer.

Beim Hufkratzer ist darauf zu achten, daß er so abgerundet ist, daß Sie das Horn nicht beschädigen können. Gutes Huffett enthält etwa 25 % Lorbeeröl, das das Hufwachstum anregt. Huffett darf niemals ranzig sein, es würde durch seine Fäulnis die Hufe mürbe machen und die Glasurschicht des Horns am oberen Kronrand angreifen, wo diese noch weich und anfällig ist. Hufteer hat eine desinfizierende Wirkung, und es ist bei angegriffenen, fauligen Hufen ratsam, sie einmal in der Woche gründlich einzuteeren.

Über die richtige Hufpflege streiten auch die Fachleute. Einige von ihnen vertreten die Meinung, daß klares Wasser zusammen mit einer Wurzelbürste das beste Pflegemittel für Hufe ist. Andere Hufschmiede meinen, daß Wasser gerade bei einem beschlagenen, also bei einem angegriffenen, löchrigen Huf, Fäule provoziert und so dem Ausbrechen der Hufe Vorschub geleistet wird. Sie tendieren dazu, die Hufe zweimal pro Woche mit gutem Huffett einzureiben, und zwar vor allen Dingen am Ballen und am Kronrand. Hier sollten Sie das Huffett am besten mit den Fingern einmassieren. In diesem Punkt sind sich übrigens beide Expertengruppen wieder vollkommen einig.

Auffällig ist allerdings, daß bei Offenstallpferden die Hufqualität im Winter, wenn der fast tägliche Regen die Hufe feucht hält, besser ist als im Sommer, wenn die Hufe leicht spröde werden und ausbrechen. Ich glaube nicht, daß man die Hufbeschaffenheit so isoliert betrachten darf. Hier spielen vielmehr alle Umstände der Pferdehaltung eine Rolle. Wenn dem Pferd nur wenige Quadratmeter Fläche zur Verfügung stehen, läßt sich eine gewisse Verunreinigung durch Kot und Urin kaum vermeiden. Dabei spielt es keine Rolle, ob das Pferd in einer Strohbox oder in einem Offenstall steht, der Huf wird immer leicht zu Fäulnis neigen. Das Wasser ist dann oft nur noch der letzte Tropfen, der das Faß zum Überlaufen bringt.

Fetten Sie den Kronrand sorgfältig ein, denn dort wächst das neue Hufhorn nach. Die Prozedur wird noch wirkungsvoller, wenn man das Fett mit den Händen am Kronrand einmassiert.

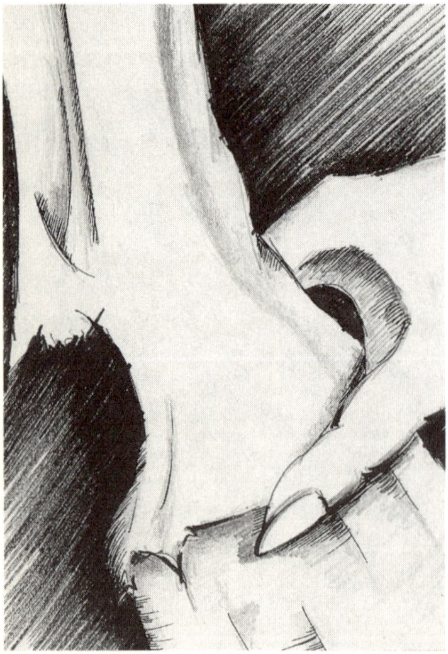

Was also tun?

Gesunde beschlagene oder unbeschlagene Hufe empfehle ich, mit viel klarem Wasser, am besten aus einem Wasserschlauch, zu reinigen. Ein- bis zweimal die Woche sollten Sie dann auch nach dem Trocknen gutes Huffett am Kronrand, an der Übergangsstelle von der Haarhaut zur Huflederhaut, mit den Fingern einmassieren.

Wenn der Huf bereits zu viel Feuchtigkeit aufgenommen hat, kann man mit Teer entgegenwirken. Wenn Sie die Hufsohlen mit Hufteer behandeln, sollten Sie ihn etwa fünfzehn Minuten antrocknen lassen, bevor Sie Ihr Pferd wieder in den Stall oder den Auslauf bringen.

Wenn Sie die Pflege eines Pferdes mit vernachlässigten Hufen übernehmen, können Sie diese nur durch peinliche Sauberkeit wieder in Ordnung bringen. Waschen Sie die Hufe täglich von der Hufsohle bis zum Kronrand mit Schmierseife und Wurzelbürste. Durch das kräftige Bürsten wird die Durchblutung des Hufes und damit auch dessen Wachstum angeregt. Ein durchschnittlicher Huf wächst im Monat etwa einen Zentimeter. Sollte bei Ihrem Pferd der Huf trotz guter Haltungs- und Fütterungsbedingungen nur wenig oder kaum wachsen, können spezielle Futterzusätze wie Biotin zumindest vorübergehend hilfreich sein.

Viele Reiter meinen, wenn ihr Pferd beschlagen ist, brauchen sie sich um die Hufqualität des Pferdes keine Sorgen mehr zu machen. Schließlich wird der

Huf ja vor der Abnutzung geschützt. So einfach ist die Angelegenheit leider aber nicht. Denn bei einem Huf, der schlecht wächst, liegen die Huflöcher der jetzigen und der letzten Beschlagsperiode sehr dicht beieinander. Dadurch wird das Horn mürbe, und die Hufnägel halten immer schlechter. Das Pferd verliert die Eisen, und der Hufschmied muß wieder neue Löcher hineinschlagen, um die Eisen zu befestigen. Es entsteht ein ewiger Kreislauf, der sich nur durch besseres Hufwachstum durchbrechen läßt.

Strahlfäule

Zwar kann es auch auf extrem feuchten Weiden zu Strahlfäule kommen, wesentlich häufiger sind allerdings durch Kot und Urin verunreinigte Ställe die Ursache dieser Hufkrankheit. Wie können Sie Strahlfäule erkennen? Zum einen hat der Strahl eine schwärzliche Färbung, und zum anderen fällt der faulige Geruch auf, der von den Hufen ausgeht. Das Pferd reagiert schon empfindlich auf einen leichten Druck mit dem Hufkratzer. Sie können diese Krankheit aber nur in den Griff bekommen, wenn Sie die Hufe und auch den Stall besonders gründlich reinigen. Als medizinische Behandlung empfehlen die Hufschmiede eine zehnprozentige Jodoformlösung aus der Apotheke. Sie läßt sich problemlos mit einer Einwegspritze auftragen. Nach etwa acht Tagen Behandlung sollte der Huf trocken sein.

Hufspalte

Hufspalte sind meist das Ergebnis zu trockener und ungepflegter Hufe. Sie können aber auch durch einen Kronentritt, ungleiche Belastung infolge fehlerhaften Beschneidens, schlecht ausgerichtete Hufeisen oder durch zu lange Beschlagintervalle zustande kommen. Das einzige Gegenmittel ist eine systematische Hufpflege. Wenn die Spalte von unten nach oben verlaufen und nur die äußere Glasurschicht betreffen, können Sie mit einer Hufraspel am oberen Ende des Risses quer einen kleinen Einschnitt raspeln, damit der Riß nicht den Kronrand erreicht. Für die Behandlung tiefer reichender Spalten sollte man unbedingt den Rat eines Tierarztes oder Hufschmieds einholen.

Schmuck für die Mähne

Stehmähnen – schön und praktisch

Wenn man an Stehmähnen denkt, fällt einem gleich das norwegische Fjordpferd mit seiner hellen Mähne und dem schwarzen Aalstrich ein. Aber auch anderen Ponys und Großpferden wird manchmal aus praktischen Gründen eine Stehmähne geschnitten.

Dies kann die verschiedensten Gründe haben: Einmal gibt es Pferde, die im Sommer dazu neigen, ihre sorgfältig gepflegte Mähne wieder abzuscheuern. Oft entstehen dabei nicht nur häßliche kahle Stellen, sondern auch schwer zu behandelnde Wunden. Zwar sind Islandpferde für Sommerekzem besonders anfällig, aber auch immer mehr Großpferde zeigen aufgrund einer Allergie ähnliche Symptome. Eine radikal gekürzte Mähne kann hier die Behandlung erleichtern.

Schneiden einer Stehmähne

Bevor Sie anfangen mit der Schere zu hantieren, sollten Sie sich noch einmal klarmachen, daß Sie Ihrem Pferd den natürlichen Schutz vor Fliegen und anderen lästigen Insekten wegschneiden. Sie müssen Ihr Pferd im Sommer dann auf jeden Fall mit einem künstlichen Insektenschutz ausrüsten.

Wenn Sie eine Stehmähne schneiden möchten, sollten Sie die Mähne radikal bis zum Ansatz kürzen. Für Robustpferde ist hierfür der Frühjahrsanfang die beste Zeit. Im Frühsommer sind die Haare dann soweit nachgewachsen, daß sie für eine Turnierteilnahme nochmals in Form geschnitten werden können. Es hat keinen Sinn, eine Mähne, die an einigen Stellen bereits umgekippt ist, durch Kürzen der Haare wieder korrigieren zu wollen. Es wird immer eine halbe Sache bleiben, weil einmal umgekippte Haare immer wieder umkippen werden.

Beim Korrekturschnitt werden die Haare mit einem groben Kamm gerade nach oben gekämmt. Wollen die Haare nicht richtig stehenbleiben, feuchten Sie am besten eine Kardätsche etwas an und bürsten die Haare nochmals kräftig nach oben. Nur wenn die Haare wirklich aufrecht stehen, können sie gerade abgeschnitten werden.

Eine scharfe Schere ist natürlich oberstes Gebot. Am besten fassen Sie wie ein Friseur mit der linken Hand den Kamm und mit der rechten die Schere. Aber aufgepaßt, eine Mähne wird nicht einfach gerade abgeschnitten, sondern paßt sich der Halsform des Pferdes an. Sie ist am Widerrist und am Kopf wesentlich kürzer

Ein Fjordpferd mit dänischem Schnitt, bei dem die schwarzen Haare der Mähne die hellen um wenige Zentimeter überragen.

als in der Halsmitte, denn der Schnitt soll den Schwung der oberen Halslinie optisch unterstreichen.

Wenn der Schnitt beim erstenmal nicht sofort perfekt gelingt, trösten Sie sich. Um eine Stehmähne gut in Form zu bringen, braucht man nicht nur ein sicheres Augenmaß, sondern auch etwas Erfahrung. Beim nächstenmal wird es sicher schon viel besser klappen.

Fjordpferde

Bei den Fjordpferden unterscheidet man die Stehmähnen nach dem norwegischen und nach dem dänischen Schnitt. Die Norweger schneiden alle Mähnenhaare ihrer Pferde auf eine Länge, während die Dänen die weißen Haare ein bis zwei Zentimeter kürzer schneiden.

Wenn Sie den dänischen Schnitt bevorzugen, erleichtern Sie sich die Arbeit sehr, wenn Sie die schwarzen Mittelhaare der Mahne erst auf die linke Halsseite klappen. Zuerst werden nur die weißen Haare auf der rechten Seite geschnitten. Dann klappen Sie die schwarzen Haare auf die andere Seite und schneiden den linken Teil der weißen Mähne. So verhindern Sie, daß Sie gleich am Anfang zu viele schwarze Haare kappen. Wenn die weißen Haare in Form gebracht sind, bürsten Sie die schwarzen Haare wieder hoch und drücken sie fest gegen die weißen. So fallen Unebenheiten im Schnitt sofort auf, die leicht korrigiert werden können. Die dunklen Innenhaare, die von den Fjordpferdebesitzern scherzhaft »Trauerrand« genannt werden, stehen nun hoch heraus und können nach Wunsch gekürzt und der Oberlinie der weißen Haare angepaßt werden.

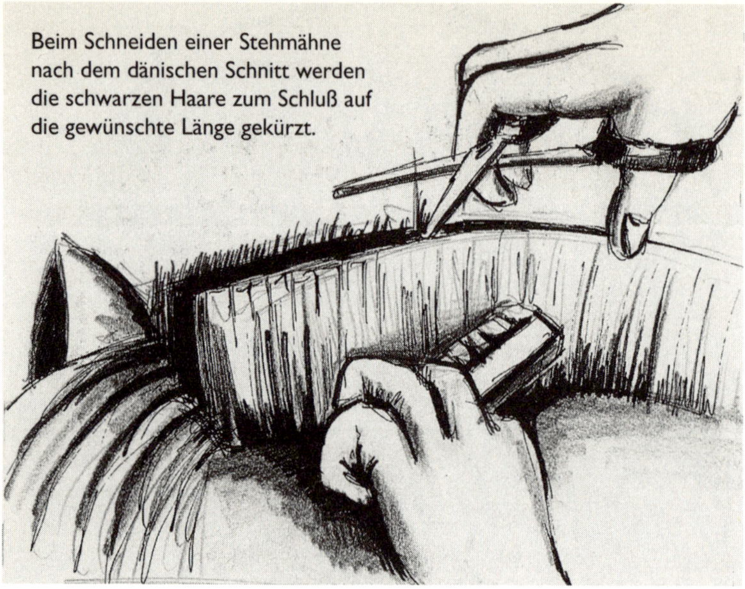

Beim Schneiden einer Stehmähne nach dem dänischen Schnitt werden die schwarzen Haare zum Schluß auf die gewünschte Länge gekürzt.

Der Schopf des Fjordpferdes soll dicht hinter den Ohren ansetzen und den breiten Raum zwischen den Ohren möglichst gut ausfüllen. Der Schopf darf nicht geschnitten werden, notfalls können Sie ihn dreieckig verziehen.

Rechts oben: Nach dem Waschen des Schweifs mit Shampoo wird an warmen Tagen in aller Ruhe Strähne für Strähne draußen in der Sonne vorsichtig verlesen.
Unten: Diesem Andalusierhengst wurde die Mähne zu einem dekorativen andalusischen Zopf eingeflochten.

Frisiertricks für Stehmähnen

Steht eine Turnierteilnahme ins Haus, dann gibt es natürlich auch bei Stehmähnen einige Frisiertricks. So können Sie umgekippte Mähnenteile, die Sie nicht erneut radikal kürzen wollen, mit Zuckerwasser wieder kurzfristig zum Stehen bringen. Zuckerwasser hat gegenüber Haarlack Vor- und auch Nachteile. Sie dürfen Ihr Pferd nach einer Behandlung mit Zuckerwasser nicht in die Nähe eines Artgenossen kommen lassen, weil dieser das Zuckerwasser gerne aus der Mähne lutscht. Dieses Problem haben Sie bei der Verwendung von Haarlack natürlich nicht, dafür bekommen Sie ihn aber auch nur nach gründlichem Shampoonieren wieder aus der Mähne heraus.

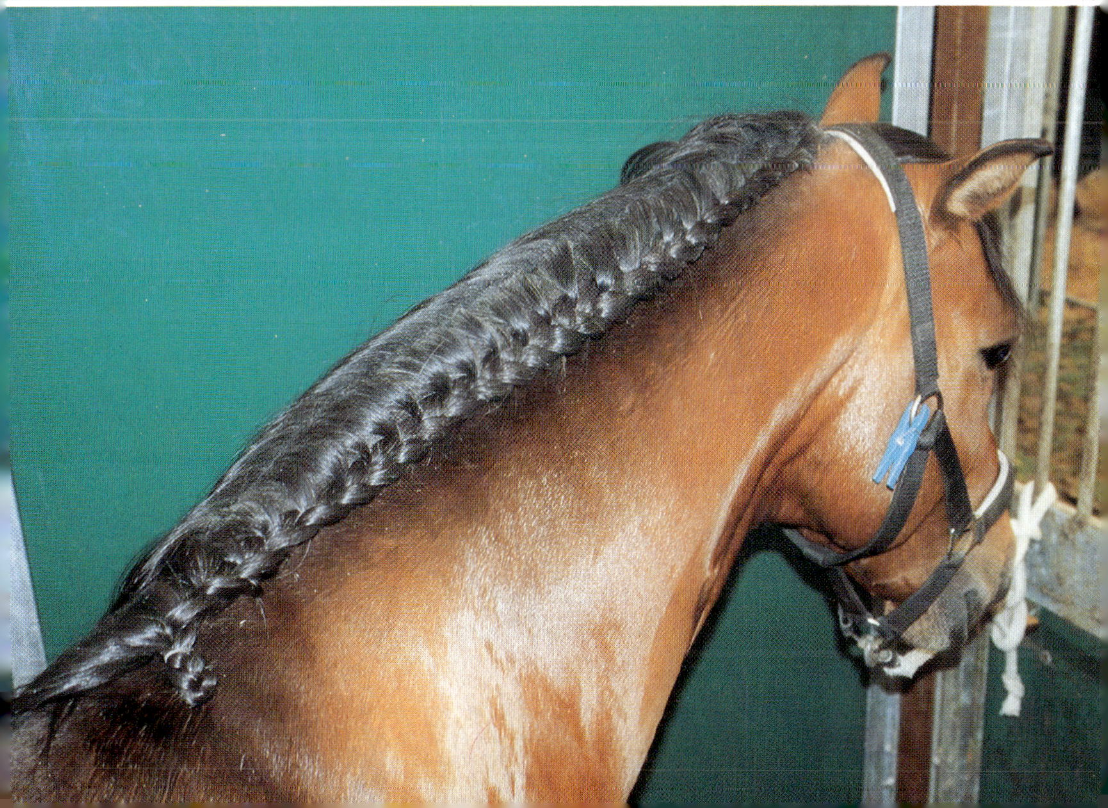

Wenn man die üppige Mähne seines Pferdes in eine Doppelmähne legen möchte, teilt man sie gleichmäßig auf und flechtet sie feucht zu lokkeren Zöpfen.

Doppelmähnen – Schmuck und Schutz

Gerade für Ponybesitzer ist eine dicke füllige Mähne der schönste Schmuck des geliebten Vierbeiners. Warum also an dieser naturgegebenen Pracht herumfrisieren?

Dies hat in den meisten Fällen ganz praktische Gründe: Unter der dichten Mähne fließt normalerweise schon an mäßig warmen Tagen der Schweiß in Strömen. Wenn dann ein Teil der Mähne sowieso schon auf der anderen Seite liegt, meist ein Riesenbüschel im Mittelteil des Halses, dann kommt man als Reiter leicht auf die Idee, die Pracht ein wenig gleichmäßiger zu verteilen. In manchen Fällen ist dies sogar unerläßlich, wenn nämlich die Mähne so lang und schwer ist, daß unter ihrem Gewicht der Hals zu kippen droht.

Eine geordnete Doppelmähne

Wenn Sie sich nun zum Umlegen der Haare entschlossen haben, tun Sie dies

am besten im nassen Zustand, also wenn die Mähne gewaschen oder das Pferd mit Wasser abgespritzt wurde.

Im feuchten Zustand sind die Haare schwerer und haben eher die Tendenz, dort zu bleiben, wo man sie hingelegt hat. Verteilen Sie die Haare gleichmäßig nach rechts und links. Achten Sie aber darauf, daß der Scheitel gerade und nicht im Zick-zack-Kurs verläuft.

Gerade bei Pferden mit hellem Behang ist die Veränderung am Anfang sehr auffällig, weil die Haare, die jahrelang unten gelegen haben, in den meisten Fällen sehr viel dunkler sind als der Rest der Mähne,

Links: Diesem American-Saddlebred-Horse wurde eine dünne Strähne direkt hinter dem Genick kunstvoll eingeflochten. Um den trokkenen edlen Kopf dieser Rasse zu betonen, wird der Schopf auf die gleiche Weise eingeflochten und um das feine Zaumzeug gewunden.

der vom Sonnenlicht ausgeblichen wurde. Aber keine Angst, schon sehr bald werden auch diese Haare sich aufhellen, und man wird keinen Unterschied mehr erkennen.

Natürlich wird am nächsten Tag eine Vielzahl der Haare wieder an ihren Ursprungsort zurückgekehrt sein, hier braucht es ein wenig Ausdauer, bis die Haare freiwillig an ihrem Bestimmungsort liegen bleiben.

Offene Mähnen – viele Gestaltungsmöglichkeiten

Zusammen mit den vielen unterschiedlichen Pferderassen, die heute in Deutschland zu Hause sind, haben sich auch ganz gegensätzliche Vorstellungen eingebürgert, wie die Mähne oder der Schweif eines Pferdes zu fallen haben.

Wie man eine Mähne glatt bekommt

Bei einem Quarter Horse in der Halter-Klasse soll die Mähne nicht nur eineinhalb Hand breit verzogen sein, sondern auch glatt am Hals anliegen. Wie erreichen Sie diese Norm, wenn die Mähne in alle Himmelsrichtungen sprießt?

Es gibt folgende Tricks: Erst einmal kämmen Sie die Mähne auf eine Seite und verziehen sie gleichmäßig. Dann teilen Sie die Mähne in kleine Strähnen ein, wie Sie es vom Einflechten her gewohnt sind. Danach umwickeln Sie jedes Strähnchen mit einem Zopfgummi, im nassen Zustand geht dies natürlich am besten. Gerade bei Jährlingen hat man immer wieder Pech, und die Haare stehen nach dieser Prozedur immer noch kreuz und quer. Aber auch für solche Fälle haben die amerikanischen Profi-Trainer immer noch ein As im Ärmel: Bringen Sie die Haargummis so dicht wie möglich am Mähnenkamm an, nehmen Sie das linke untere Ende des Zopfes in die linke Hand und das rechte untere Ende in die rechte Hand, und ziehen Sie die Haare gleichzeitig nach außen-unten. Durch diese Bewegung rutscht das Zopfgummi noch weiter nach oben und schmiegt sich dem Mähnenkamm eng an. Wenn Sie nun die Haare noch ein wenig anfeuchten und nach unten kämmen, bleibt der Mähne nichts anderes mehr übrig, als sich ganz eng an den Hals zu legen.

Bei Jungpferden sprießen die Haare oft in alle Himmelsrichtungen.

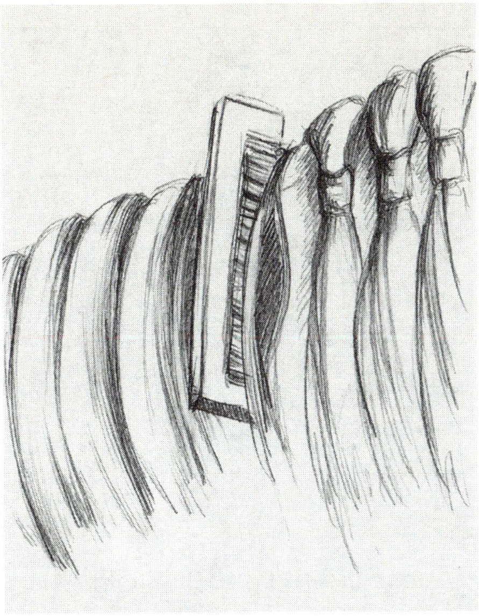

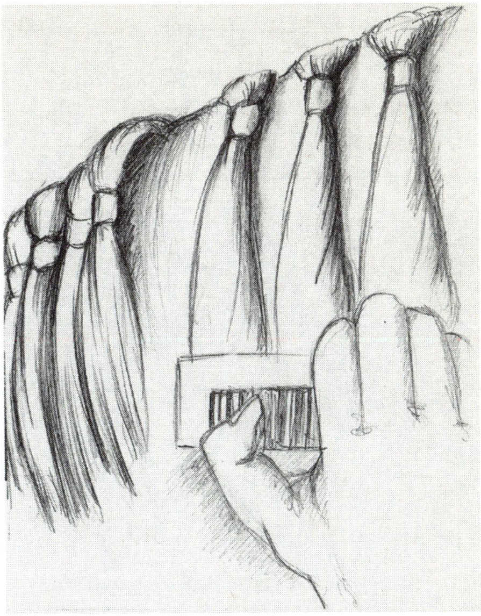

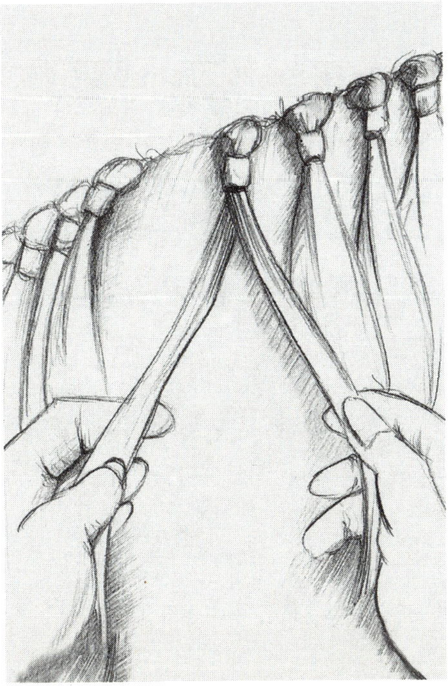

Wenn die Mähne bei einem Quarter Horse ganz glatt anliegen soll, dann unterteilen Sie sie mit Haargummis in kleine Strähnchen (oben links), kämmen sie aus (oben rechts) und ziehen die Mähne mit beiden Händen auseinander, bis das Haargummi direkt am Mähnenkamm anliegt (unten).

Wenn die Mähne wallen soll

Viele andere Pferdefreunde stellen sich die Mähnenpracht ihrer Vierbeiner ganz anders vor. So soll die Mähne bei Friesen, Welsh- oder auch Haflingerpferden möglichst viel Fülle und Wellen haben. Viele Pferde dieser und auch anderer Rassen haben von Natur aus solch eine Mähne. Sie können der Natur aber auch ein bißchen auf die Sprünge helfen, indem Sie Mähne und Schweif einflechten. Am größten ist der Erfolg, wenn Sie die Haare feucht einflechten.

Um eine Mähne möglichst füllig zu präsentieren, können Sie sie vorher in wenige große Zöpfe feucht einflechten.

Eine üppig wallende Mähne ist für jedes Pferd, egal ob Pony oder Warmblüter, ein besonderer Schmuck.

Mähnen perfekt einflechten

Vorbereitungen für das Einflechten

Bedenken Sie, daß beim Einflechten unterstes teilweise nach oben gekehrt wird. Darum empfiehlt es sich, vorher die Mähne gründlich mit Shampoo zu waschen. Sprühen Sie die Haare anschließend aber nicht mit Mähnenspray ein, denn sonst werden sie aalglatt, und die kurzen Haare rutschen allzu leicht wieder aus den Zöpfchen heraus. Nach dem Waschen können Sie die Mähne entweder verlesen oder gründlich mit einem Mähnenkamm auskämmen.

Einflechten will gelernt sein

Wenn Sie die Mähne für ein Turnier oder eine Schau einflechten möchten, darf sie ruhig etwas länger sein, als wenn Sie ein Pferd mit modisch verzogener, aber offener Mähne vorstellen.

Wer mit dem Ergebnis zufrieden sein möchte, braucht gerade bei den ersten Versuchen sehr viel Zeit. Sie sollten also nicht morgens, kurz vor dem Turnier, mit dem Frisieren anfangen. Unter Zeitdruck fehlt Ihnen einfach die innere Ruhe, Zöpfchen mehrmals wieder zu öffnen, bis Sie das Ergebnis zufriedenstellt. Sie und Ihr Pferd sind dann schon vor dem eigentlichen Start so angespannt, daß die Vorstellung eigentlich nur noch mißlingen kann.

Wenn Sie nun glauben, daß Sie diese

Eine turniermäßig eingeflochtene Mähne soll den Pferdehals und seine Oberlinie gut zur Geltung bringen.

lästige Pflicht schon am Abend vorher verrichten können, muß ich Sie leider enttäuschen. Sie sollten Ihr Pferd eingeflochten niemals ohne Aufsicht lassen und erst recht dann nicht, wenn es dies nicht gewöhnt ist. Sonst kann es Ihnen nämlich passieren, daß Sie am nächsten Tag Ihr Pferd kaum wiedererkennen. Beim Versuch, diese komischen, lästigen Zöpfchen wieder loszuwerden, hat es seine ganze Mähnenpracht auf stecknadellange Fransen gekürzt. Es hilft alles nichts, zu einer Veranstaltung mit Pferden gehört auch das frühe Aufstehen.

Einflechten Schritt für Schritt

Am besten läßt sich diese Arbeit bei Tageslicht verrichten. Binden Sie Ihr Pferd also, wenn es schon hell ist, draußen an. Das Pferd muß relativ kurz angebunden werden, damit es nicht immer hin- und hertreten kann. Noch besser ist es, wenn Sie Ihr Pferd an einer Wand anbinden können, denn dann hat es keine Möglichkeit mehr, Ihnen auszuweichen. Das Pferd sollte während des Einflechtens nicht fressen, weil dabei Kopf und Hals zu sehr in Bewegung sind.

Da es sich auf den Zehenspitzen stehend relativ schlecht arbeiten läßt, sollten Sie bei einem großen Pferd einen standfesten Hocker zu Hilfe nehmen. Sie sollten Ihr Pferd allerdings schon vorher an dieses Hilfsgerät gewöhnt haben, damit es beim Einflechten nicht zusätzliche Schwierigkeiten zu bewältigen gibt.

Legen Sie alle benötigten Utensilien wie Mähnenkamm, Haargummis und Wäscheklammer griffbereit, aber in sicherer Entfernung zu Ihrem oder anderen Pferden. Eine Jacke oder eine Hose mit möglichst vielen tiefen Taschen kann hier sehr hilfreich sein.

Kämmen Sie die Mähne durch, bis die Haare lang und glatt am Hals herunterhängen. Als Richtlinie für die Dicke der Zöpfchen gilt: Verarbeiten Sie jeweils die Haare einer Mähnenkammbreite zu einem Zopf. Die anderen Mähnenhaare können Sie mit einer Wäscheklammer wegstecken.

Da der letzte Zopf meistens entweder zu dünn oder zu dick wird, sollten Sie mit dem Einflechten am besten am Kopf beginnen, denn dann sitzt der letzte Zopf unauffällig am Widerrist. Während der ersten Stufe brauchen wir lediglich eine Wäscheklammer zum Wegstecken der Haare, einen Mähnenkamm zum Ordnen der Haare und natürlich die Haargummis.

Die mit dem Mähnenkamm abgeteil-

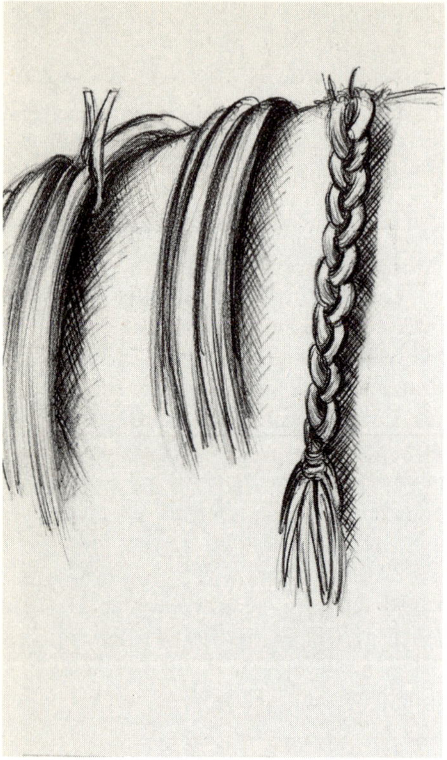

Hochbinden der Zöpfchen mit Gummis
Teilen Sie sich die Mähne Ihres Pferdes in gleichmäßige Strähnen ein, flechten Sie Strähne für Strähne, und befestigen Sie das Ende mit einem Haargummi (oben). Eine Schlaufe des Haargummis halten sie oben, während Sie das Ende der Flechte unter den oberen Teil des Zopfes schieben. Wenn alle Zöpfe fertig geflochten und hochgebunden sind, werden die Haargummis mit Klebeband umwickelt (unten).

ten Haare werden in drei gleich dicke Strähnen unterteilt und so fest und so weit wie möglich nach unten geflochten. Vor dem Flechten kann es sehr hilfreich sein, noch einmal mit einem feuchten Mähnenkamm durch die Strähnen zu gehen, dann sind die Haare nicht ganz so glatt und leichter zu bändigen. Das Zopfende wird mit einem Gummiband umwickelt und dann der nächste Zopf in Angriff genommen.

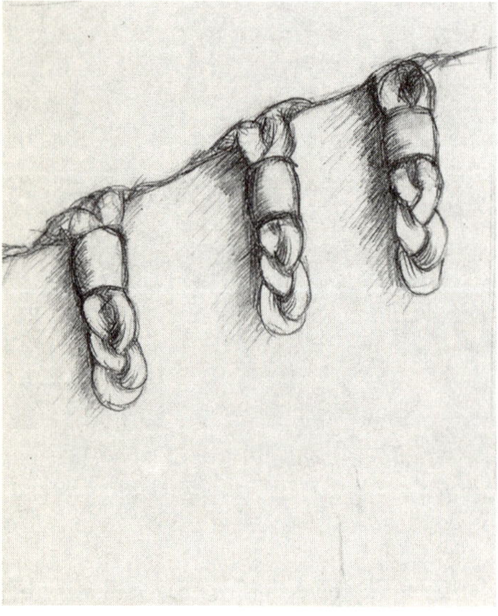

Das Hochbinden der Zöpfchen

Wenn Sie die gesamte Mähne eingeflochten haben, treten Sie noch einmal einen Schritt zurück und betrachten Sie Ihr Werk kritisch aus der Entfernung, ob die Zöpfe auch gleichmäßig sind. Erst dann werden sie hochgebunden. Nehmen Sie dazu eine Schlaufe des Gummibandes, und lockern Sie sie ein wenig, denn es darf nicht zu fest um die Haare herumgewickelt sein, sonst reißt es bei der folgenden Beanspruchung.

Während die eine Schlaufe oberhalb der Strähne bleibt, führen Sie das Ende der Flechte unter dem Zopf zum Mähnenkamm hoch. So entsteht eine kleine Schlinge. Natürlich können Sie, wenn Ihr

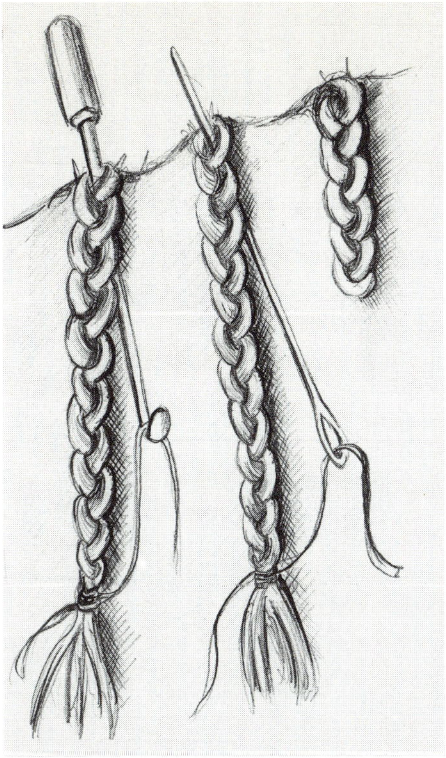

Hochbinden der Zöpfe mit einem Faden

Wenn Sie die Zöpfchen Ihres Pferdes nicht mit Haargummis hochbinden möchten, können Sie alternativ während des Einflechtens in der Zöpfchenmitte einen Faden einlegen (links), dessen Enden Sie am Zopfende miteinander verknoten. Dann legen Sie das Ende der Flechte unter den Zopf und holen mit einer Knüpf- oder Häkelnadel ein Fadenende durch den Zopf nach oben hindurch (rechts), legen ihn um die Flechte herum und führen ihn wieder nach unten, wo er fest mit dem anderen Fadenende verknotet wird.

Kleine anatomische Schwächen des Halses kann man kaschieren

Betrachten Sie vor dem Einflechten einmal kritisch den Hals Ihres Pferdes. Ist er an manchen Stellen vielleicht etwas zu kurz oder zu dick geraten? Dann sind viele kleine Zöpfe empfehlenswert, denn dicht gedrängte Zöpfchen lassen den Hals optisch länger erscheinen. Anderseits wird ein zu langer dünner Hals durch wenige, dickere Zöpfchen etwas kaschiert.

Pferd eine längere Mähne hat, den Zopf auch doppelt unterlegen, dann brauchen Sie allerdings noch ein weiteres Gummiband, um die Flechte hinterher zu befestigen.

Eine Alternative wäre es, Fäden in die Zöpfe einzuflechten. Diese sollten sich in ihrer Farbe der Mähne anpassen, damit sie nicht zu sehr auffallen. Man geht folgendermaßen vor: Einmal legen Sie einen Faden, der doppelt so lang wie die Mähne ist, nach dem ersten Flechten zu einer Strähne und flechten ganz normal weiter. Lassen Sie den Faden auch oben etwas herausstehen. Wenn die Flechte fertig ist, umwickeln Sie das Ende mit dem Faden und verknoten ihn.

Dann ziehen Sie mit einer Häkel- oder Knüpfnadel das obere Ende des Fadens zur Unterseite des Zopfes und verknoten ihn mit dem unteren Ende. Dann können Sie den Faden auf seine endgültige Länge abschneiden.

Eine andere Variation sieht folgendermaßen aus: Wenn Sie bis zur Mitte des Zopfes geflochten haben, verteilen Sie einen langen Faden gleichmäßig auf zwei Flechten. Nachdem Sie den Zopf dann zu Ende geflochten haben, verknoten Sie die Fadenenden miteinander. Wenn Sie das Zopfende unter den Anfang geschoben haben, holen Sie mit einer Knüpfnadel einen Faden nach oben, legen ihn um die Flechte herum und führen ihn wieder nach unten, dort verknoten Sie ihn mit dem anderen Faden und schneiden die Überreste ab.

Zum Abschluß wird die Flechte an der Stelle, an der sich das Gummiband oder der Faden befindet, mit weißem Klebeband umwickelt.

Das Lösen der Zöpfchen

Wenn Ihr Pferd über eine schlechte Haarqualität verfügt, sollten Sie die Haargummis beim Lösen der Zöpfe auf keinen Fall herausziehen, denn dabei werden zu viele Haare herausgerissen. Schonender für die Haare ist es, wenn Sie die Gummis aufschneiden. Des weiteren sollten Sie sich überlegen, ob Sie nicht lieber auf Haargummis verzichten möchten, da diese die Haare auf jeden Fall stark strapazieren.

Phantasie beim Einflechten

Das Einflechten erlaubt auch einige Variationsmöglichkeiten. So können Sie das Ende einer Flechte nicht unter den eigenen Zopf schieben, sondern locker mit der nächsten Flechte verbinden. Beginnen Sie dabei am Kopf, und gehen Sie mit dem Zopfende immer zum nächsten linken Zopf.

Überhaupt sind der Phantasie keine Grenzen gesetzt. Genauso wie es viele unterschiedliche Pferde gibt, so gibt es auch viele verschiedenartige Möglichkeiten, die Schönheit eines Pferdes zu unterstreichen.

Schön wie ein Andalusier

Wenn ein Pferd eine lange Mähne hat, gibt es nur sehr wenige Pferdebesitzer, die diesen wunderschönen, natürlichen Schmuck kürzen möchten. Obwohl ich unter normalen Umständen auch eine lange, offene Mähne am schönsten finde, gibt es auch praktische Gründe, die für das Einflechten solch einer Pracht sprechen. So schwitzen Pferde schon an mäßig warmen Tagen sehr schnell unter ih-

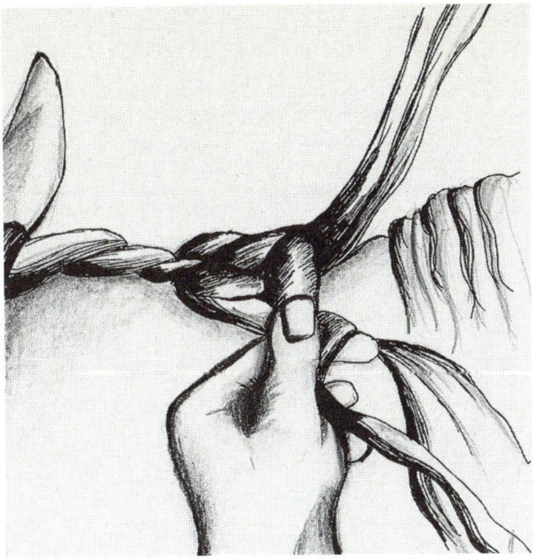

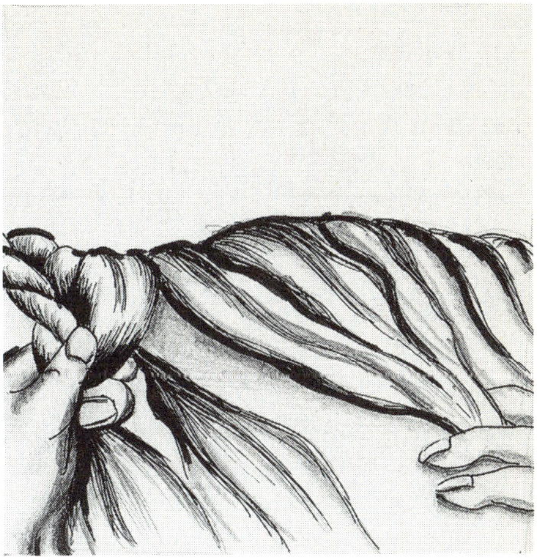

rer dicken, langen Mähne. Es juckt und kratzt, und der Geruch zieht noch mehr Fliegen an.

Wenn Sie das Pferd zur Arbeit herannehmen, sollten Sie ihm eine kleine Erleichterung gönnen. Unter der eingeflochtenen Mähne kann die Luft sehr viel besser zirkulieren, und das Pferd schwitzt wesentlich weniger. Hinzu kommt, daß ein eingeflochtenes Pferd auf einer Veranstaltung immer schön und gepflegt aussieht.

Der andalusische Zopf

Wenn Sie mit der Flechttechnik eines französischen Zopfes vertraut sind, dann wird Ihnen dieser andalusische Zopf auch sehr leicht fallen. Hierzu müssen Sie die Mähne sehr gründlich bürsten, indem Sie die Haare erst auf die falsche Halsseite kämmen und dann eine schmale Strähne nach der anderen wieder herüber holen.

Mit dem Flechten des andalusischen Zopfes beginnen Sie oben am Kopfende.

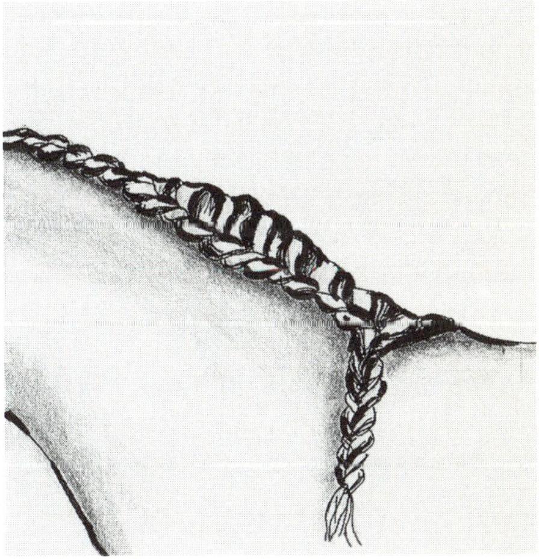

Dem Andalusier wird wie beim französischen Zopf die Mähne eingeflochten: Man fängt wie gewohnt mit drei Strähnen an (oben links), bei jedem Flechtgang wird eine neue Strähne hinzugenommen (oben rechts) und der Zopf am Ende bis nach unten geflochten (unten). Zusätzlich kann man bunte Seidenbänder durch den Zopf ziehen.

Sortieren Sie zuerst genau, welche Haare zum Schopf und welche zur Mähne gehören. Teilen Sie drei gleichmäßig dicke Strähnen direkt hinter dem Genick ab. Wenn Ihr Pferd seine Mähne auf der rechten Seite trägt, nehmen Sie immer dann, wenn Sie eine Flechte von links nach rechts führen, eine neue Strähne von der Mähne hinzu.

Flechten Sie relativ stramm, und arbeiten Sie sich dicht am Mähnenkamm entlang vorwärts. Der Zopf sieht dann viel hübscher und ordentlicher aus, als wenn er irgendwo auf halber Höhe schaukelt. Außerdem können Sie so auch die kürzeren Haare einbinden. Ein weiterer Vorteil ist es, daß sich der Zopf nicht so schnell wieder auflöst. Wenn Sie am Ende der Mähne keine weiteren Haare mehr dazu nehmen können, flechten Sie den Zopf einfach ganz normal weiter und umwickeln ihn mit einem Haargummi. Bei einer Doppelmähne sollten Sie beide Seiten auf gleicher Höhe einflechten.

Wenn Sie den schmückenden Effekt noch steigern wollen, können Sie, wie in Spanien üblich, farbige Bänder durch die Flechten ziehen. Sie werden dann noch ein bißchen herausgezupft, so daß sie in kleinen Bögen aus dem Zopf herausschauen. Am besten nehmen Sie dafür breites Seidenband, wie man es auch zum Verpacken von Geschenken benutzt.

Die farbige Gestaltung ist natürlich Geschmacksache. Wer es gerne besonders auffällig mag, kann auch zwei verschiedenfarbige Bänder verwenden. Bei Braunen wirkt Weiß und Grün sehr gut. Bei Schimmeln ist rot oder bordeauxrot die Farbe der Wahl, oder wenn Sie es dezenter mögen, ist auch Blau sehr gefragt. Man sollte die Farbgestaltung am besten auch auf die Reitkleidung abstimmen.

Rechts: Beim Mähnennetz werden die Strähnen aufgeteilt (oben links) und jeweils mit den benachbarten Strähnen netzartig locker verbunden (oben rechts und unten).

Bevor Sie das Pferd in die Box bringen oder es in den Offenstall entlassen, müssen Sie den Zopf aber auf jeden Fall wieder lösen, denn sonst verfilzen die Haare sehr schnell.

Das »Haar-Netz«

Dies ist eine andere Möglichkeit, eine lange Mähne besonders attraktiv zu präsentieren. Selbstverständlich müssen Sie zunächst die Mähne wieder gründlich säubern und bürsten. Anschließend teilen Sie kleine Flechten ein und trennen diese mit Haargummis voneinander ab. Der erste und der letzte Zopf dürfen dabei ruhig relativ dünn ausfallen.

Beginnen Sie mit dem zweiten Zopf an der Kopfseite. Halbieren Sie ihn, und verbinden Sie den linken Teil locker mit dem ersten Zopf. Die zweite Hälfte führen Sie rechts zum dritten Zopf. Befestigen Sie die Strähnen jeweils mit einem Haargummi. Dann teilen Sie den Zopf erneut und führen die Hälften jeweils zu den Strähnen auf der linken bzw. der rechten Seite. Wenn die Haare zum Schluß dann zu kurz werden, um sie locker miteinander verbinden zu können, befestigen Sie die Strähnen mit einem Haargummi. Abschließend umkleben Sie die Haargummis mit weißem oder farbigem Klebeband.

Natürlich ist hier der Phantasie keine Grenze gesetzt, so können Sie auch die Zöpfe bis zu den Querverbindungen einflechten, aufteilen und hinterher weiterflechten.

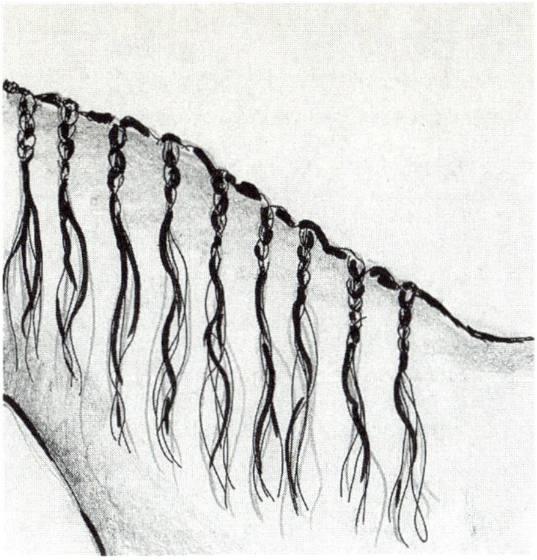

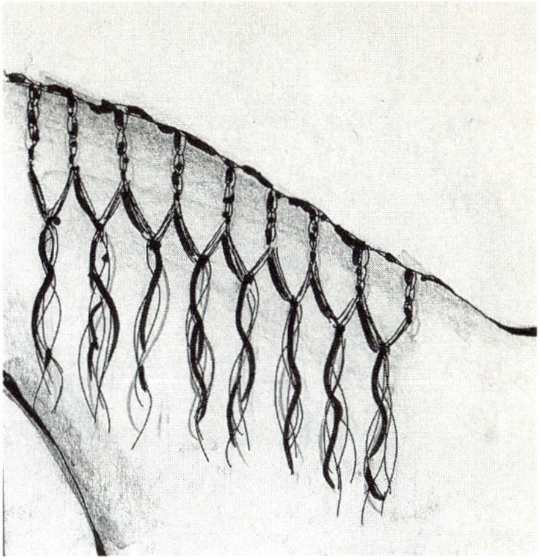

American-Saddlebred-Horse

Einzelne Strähnen einflechten

Bei den American-Saddlebred-Horses und mittlerweile auch bei den Tennessee-Walking-Horses werden den Schaupferden die Mähnen auf eine ganz besondere Art und Weise eingeflochten: Um dies nachzumachen, brauchen Sie breites Seidenband, drei Haargummis, eine Wäscheklammer, eine Schere, einen Helfer und ein geduldiges Pferd.

Außerdem müssen Sie zuvor die Haare von Schopf und Mähne genau auseinander dividiert haben. Suchen Sie nun kurz hinter dem Genickstück eine sehr dünne Mähnensträhne heraus, und stecken Sie den Rest der Haare mit der Wäscheklammer zur Seite. Die ausgewählte Strähne darf nur so dick sein, daß Sie sie in drei Seidenbänder einwickeln können. Je kleiner und feiner dieser Zopf ausfällt, umso schöner ist er. Zusätzlich erleichtern Sie sich die Arbeit, wenn Sie weniger Haare miteinander verflechten. Ihr Helfer hält die Bänder oben am Mähnenkamm fest,

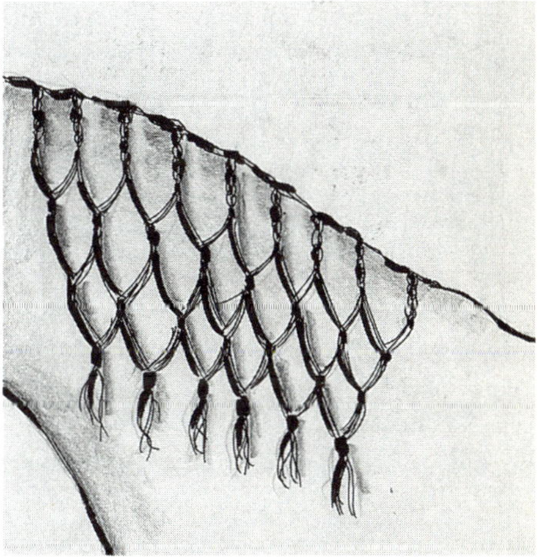

die Sie dort etwas herausstehen lassen, damit sie später miteinander verknotet werden können. Seien Sie ruhig großzügig, denn wenn alles fertig ist, können Sie die Bänder immer noch mit der Schere zurechtstutzen. Das gilt auch für die Gesamtlänge der Seidenbänder: Nichts ist ärgerlicher, als wenn Sie den ganzen Zopf später wieder lösen müssen, weil Sie merken, daß die Bänder zu kurz geraten sind.

Beim American-Saddlebred-Horse wird eine einzelne Strähne am Genick eingeflochten. Der zusätzlich eingeflochtene Schopf betont das edle Gesicht dieser Pferderasse.

Nun verteilen Sie die dünne Strähne auf die drei Bänder, umkleiden die erste mit einem Seidenband und drehen, bis nichts mehr von den Haaren zu sehen ist. Damit sich das Band nicht wieder abwickelt, befestigen Sie es unten mit einem Haargummi. Anschließend drehen Sie die anderen beiden Zöpfe mit den Seidenbändern ein. Wenn Sie dies ausgeführt haben, können Sie mit dem Flechten beginnen. Wie lang dieser Zopf im einzelnen ausfällt, ist reine Geschmacksache, da er durch die Seidenbänder unabhängig von der Mähnenlänge ist. Wenn Sie meinen, der Zopf sei lang genug, verknoten Sie zunächst die drei unteren und dann die drei oberen Enden miteinander. Die Enden der Bänder können Sie etwas hübscher gestalten, indem Sie sie dreieckig einschneiden.

Bei der Auswahl des Seidenbands sollten Sie natürlich auf jeden Fall die Fellfarbe Ihres Pferdes berücksichtigen. Wenn Sie es farbenfroh mögen, können Sie natürlich auch verschiedenfarbige Bänder kombinieren. Zum Einwickeln der Mähnenhaare gehört viel Übung, und wenn es Ihnen am Anfang nicht gleich gelingt, dann setzen Sie doch einfach einen Akzent und flechten ein farbiges Band mit ein. Am schönsten sieht dies aus, wenn die Farbe einen Kontrast zur Mähne bietet. Natürlich können Sie bei einem zu kurz geratenen Seidenband das Ende des

Variationen

Aber auch beim Einflechten einzelner Strähnen sind verschiedene Variationen möglich. So können Sie sich ja eine kleine Strähne aus dem Schopf heraussuchen und diese einflechten.

Wenn Sie möchten, können Sie diesen Zopf auch in amerikanischer Manier um das Zaumzeug herumlegen. Haben Sie kein Seidenband zur Hand, Ihr Pferd aber eine besonders lange Mähne, dann spricht nichts dagegen, auf das Seidenband zu verzichten und nur die Haare einzuflechten.

Zopfes mit einer schönen Schleife verzieren. Der Kreativität sind hier keine Grenzen gesetzt!

Um den schönen, edlen Kopf des American-Saddlebred-Horses richtig zur Geltung zu bringen, flechten die Pfleger in den USA auch den Schopf auf diese Weise ein und wickeln ihn dann malerisch um das feine, dünne Zaumzeug herum. Hierzu wird der Schopf stark gestutzt. Diese Art der Verschönerung ist bei einem Robustpferd, das sich täglich gegen Fliegen wehren muß, allerdings nicht empfehlenswert.

Schmuck für den Schweif

Üppige Fülle für Friesen, Haflinger und Welsh-Ponys

Im Normalfall wäscht man den Schweif am Abend vor einer Veranstaltung und flechtet ihn dann noch naß zu einem dikken Zopf. Am nächsten Morgen lösen Sie dann den Zopf vorsichtig auf und sprühen die Haare mit Mähnenspray ein. Dann folgt das sorgfältige Verlesen. Bei einem sehr dünnen Schweif können Sie auch mehrere Zöpfe machen, dann wellen sich die Haare noch ein bißchen stärker und täuschen so eine größere Fülle vor. Mehr als zehn Zöpfe sollten Sie aber auf gar keinen Fall machen. Außerdem sollten Sie natürlich beim Kämmen sehr vorsichtig sein, damit Sie nicht unnötig Haare herausreißen. Hier empfiehlt es sich auf jeden Fall nach dem Shampoonieren, eine Haarspülung in die Langhaare zu geben. Sie macht diese weich und geschmeidig.

Ein Netz für den Schweif

Das Mähnennetz läßt sich natürlich auch auf den Schweif übertragen. So sollten Sie allerdings nur Pferde frisieren, die einen sehr dichten Schweif haben, sonst wirkt er nach Ihren Bemühungen eher dünner als im Ausgangsstadium.

Hier können Sie drei oder fünf dickere

Durch Einflechten können Sie einen relativ dünnen Schweif fülliger erscheinen lassen.

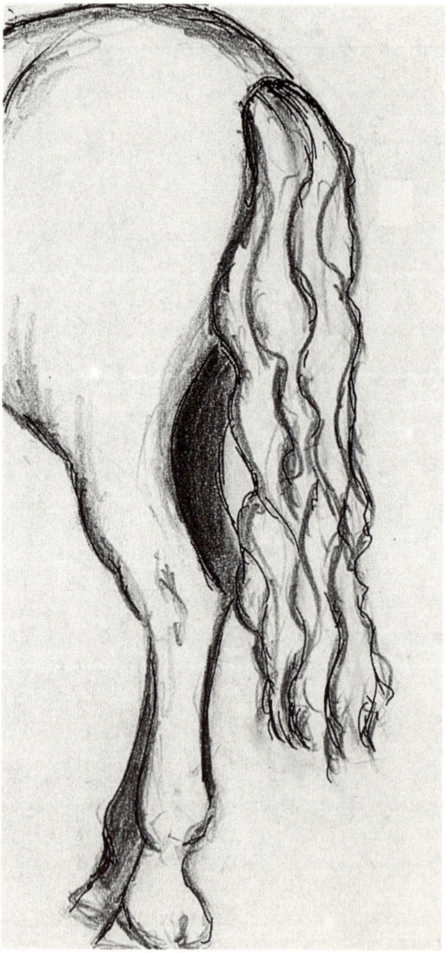

Strähnen herausnehmen und sie jeweils mit einem Haargummi abteilen. Im nächsten Arbeitsschritt werden die Strähnen halbiert, und nach einer weiteren Teilung führt man die mittleren Teile wieder zusammen. So erhalten Sie ein richtiges Netz.

Deutsches Reitpferd

Die Schweiflänge

Die ideale Länge der Schweifhaare ist bei den verschiedenen Rassen unterschiedlich. Bei einem Großpferd, das im Turniersport geht, ist es üblich, den Schweif auf Sprunggelenkshöhe gerade abzuschneiden. Ganz so stark brauchen Sie den Schweif aber nicht zu kürzen. Bei einem sehr langen Schweif besteht allerdings die Gefahr, daß das Pferd beim Rückwärtstreten darauftritt und sich so möglicherweise ganze Strähnen herausreißt, was dem Pferd sicher große Schmerzen bereiten wird. Natürlich sollten Sie den Schweif zuerst waschen und verlesen, bevor Sie zur Schere greifen, so daß Sie auch wirklich in der Lage sind, gerade abschneiden zu können.

Der Schweifbogen

Idealerweise trägt das Deutsche Reitpferd seinen Schweif so, daß dieser in einem leichten Bogen von der Kruppe ab-

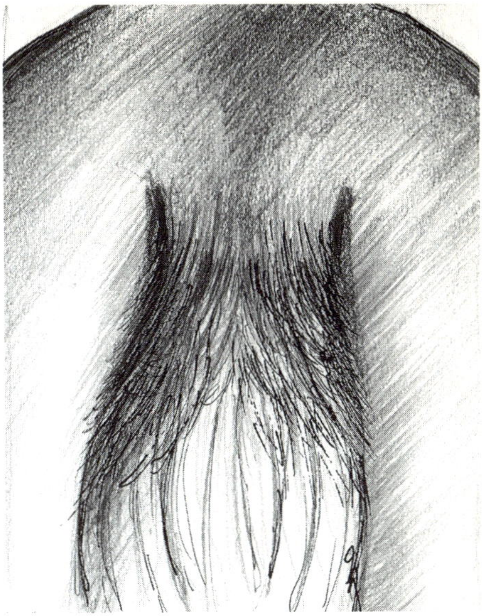

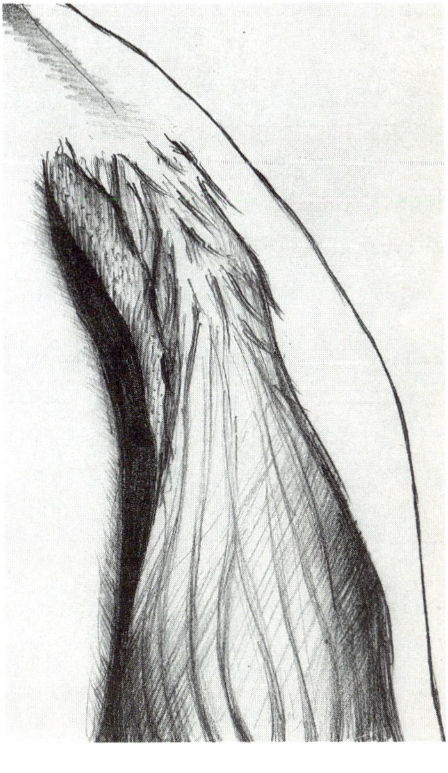

Ein natürlich belassenes Schweifdach schützt die Genitalien des Pferdes vor Regen (oben). Ein an der Schweifrübe radikal verzogener Schweif sieht nicht nur häßlich aus, sondern nimmt dem Pferd auch seinen natürlichen Regenschutz (unten).

Wenn man den Schweifbogen seines Pferdes betonen möchte, ohne das Schweifdach radikal zu verziehen, kann man diese Haare zu einem französischen Zopf verflechten. Dabei werden bei jedem Flechtvorgang von rechts und links Strähnen hinzugenommen (von oben links bis unten links).

Rechts oben: Die langen Haare an den Ohren werden geschnitten, indem man die Ohrmuscheln seitlich zusammendrückt und die überstehenden Haare mit einer scharfen Schere kürzt. Das Pferd macht gleich einen viel gepflegteren Eindruck, ohne daß man ihm seinen Schutz gegen lästige Insekten geraubt hat. Unten: Damit das Gesicht besonders edel wirkt, werden manche Pferde auch am Kopf geschoren. Erst wenn sie sich an die Schermaschine gewöhnt haben, kann man vorsichtig den Fellbüscheln unterhalb des Schopfes zu Leibe rücken.

steht. Um diesen Bogen zusätzlich zu betonen, ist es bei vielen Turnier- und Schaupferden üblich, das sogenannte Schweifdach entweder radikal zu verziehen oder mit der Schere wegzuschneiden. Die nachwachsenden harten Stoppeln piksen die Pferde nicht nur in die empfindlichen Weichteile, sondern dieses Dach schützt die Genitalien in der freien Wildbahn vor Wasser. So läßt sich das Abschneiden dieser Haare nicht mit artgerechter Haltung vereinbaren.

Wer der Schweifrübe seines Pferdes nicht so radikal zu Leibe rücken möchte, kann die Haare des Schweifdaches in einen französischen Zopf verflechten. Man fängt oben an und nimmt bei jedem Flechtgang immer links und rechts ein paar Haare hinzu. Wenn Sie diese Technik beherrschen, sollten Sie jeweils nur wenige Haare hinzufügen und die Flechten relativ klein halten, dann bekommen Sie einen wunderschönen Schweifbogen, der viel schöner und natürlicher als eine kahlrasierte Schweifrübe wirkt. Für einen festlichen Anlaß können Sie hier auch noch ein farbiges Band mitflechten.

Links oben: Beim Vorstellen an der Hand möchten die Richter den Führenden nicht auf Kopfhöhe, sondern auf Höhe der Pferdeschultern sehen. Es ist etwas schwieriger, aus dieser Position zu führen, aber mit einem solide ausgebildeten Pferd darf dies kein Problem sein.
Unten: Egal ob bei einer Stuten-, Fohlenschau oder einer Hengstparade, der Vorführer muß immer so neben seinem Pferd stehen oder laufen, daß er den beurteilenden Richtern nicht die Sicht versperrt.

Quarter Horse

Bei einer Halter-Show erwartet der Richter vom Quarter Horse das genaue Gegenteil: Der Schweif soll ganz glatt anliegen und möglichst nahtlos in die Kruppe übergehen. Hier können Sie der Natur ein wenig nachhelfen, indem Sie den Schweif die Schweifrübe entlang einbandagieren. Das Ganze ist aber nicht ganz ungefährlich, vor allem wenn Sie den Schweif naß oder feucht einbandagieren und dabei die Bandage zu fest anziehen. Möglicherweise fallen Ihnen nach dem Abwickeln der Bandage büschelweise abgebrochene Haare entgegen. Teilweise dauert es ein halbes Jahr und länger, bis der Schweif wieder auf seine normale Länge nachgewachsen ist.

American-Saddlebred-Horse

Die Schweiflänge

Bei einem American-Saddlebred-Horse, das in den USA im Fünfgang vorgestellt wird, legt man Wert auf einen langen Schweif. Daher nimmt die Schweifpflege dort sehr extreme Formen an. Der Schweif wird so lang gehalten, daß das Pferd, auch wenn es mit hocherhobenem Schweif an den Richtern vorübertrabt, einen Teil noch über den Boden hinter sich herschleift. Ein solcher Schweif muß immer hochgebunden werden, egal ob das Pferd in der Box steht oder trainiert wird. Nur zum Waschen und Verlesen wird er gelöst. Der Schweif wird am Schautag erst kurz vor der Prüfung heruntergelassen, damit er nicht schon während des Warmreitens verschmutzt.

Schutz und Zierde

Bandagen und Gamaschen

Bandagen schützen die hinter der Röhre frei verlaufende Beugesehne und die vorn aufliegende Strecksehne sowie die Röhre und den Fesselkopf gegen äußere Einwirkungen. So werden gerade Springpferde bandagiert, um sie vor Verletzungen durch angestoßene oder fallende Stangen oder feste Hindernisse zu schützen. Da Bandagen die Sehnen nicht unterstützen können, sollte man seinem Pferd nicht Belastungen zumuten, die es nicht gewöhnt ist und für die es nicht trainiert wurde.

Das Anlegen von Bandagen will geübt sein, denn sie müssen fest, aber nicht zu stramm und vor allem glatt und genügend weit über den Fesselkopf hinab gewickelt werden.

Sicheres Bandagieren erfordert einige Übung, denn eine Bandage darf weder zu locker noch zu fest angelegt sein. Dabei beginnt man im oberen Drittel der Röhre (links), bandagiert zunächst nach unten bis kurz oberhalb des Fesselkopfes (Mitte) und dann wieder nach oben. Die Bandage wird im oberen Drittel der Röhre auf der Außenseite des Beines befestigt (rechts).

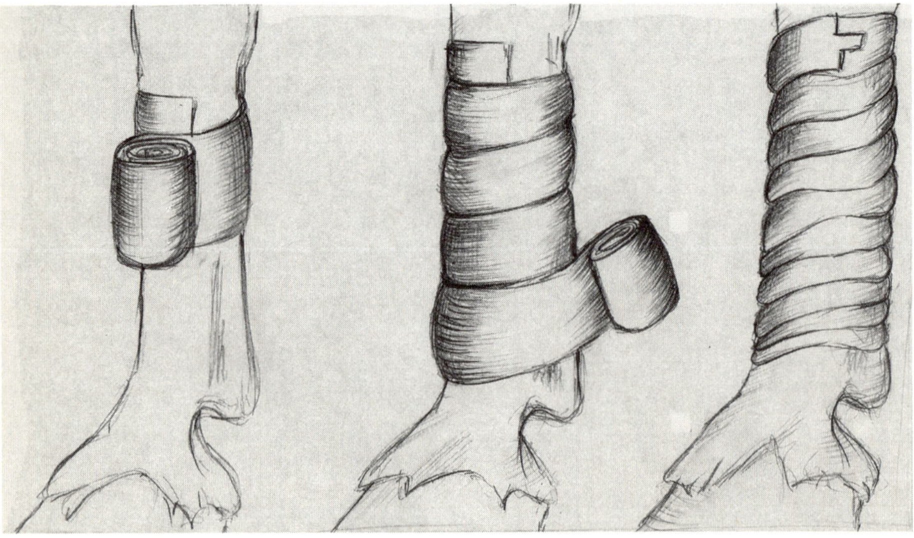

Sie dürfen aber auch nicht zu fest angezogen werden, dann hemmen sie die Blutzirkulation in den Gliedmaßen. Zu locker gewickelte Bandagen stellen andererseits eine Gefahr dar, denn schon so manches Pferd ist gestürzt, weil es sich in einer gelösten Bandage verfangen hat.

Neben diesem schützenden Effekt sehen Bandagen auch wunderschön aus, wenn sie farblich auf Pferd und Reiter abgestimmt werden. Neben den obligatorischen weißen Bandagen, die natürlich bei dunklen Pferden besonders edel aussehen, werden heute Baumwollbandagen in verschiedenen Modefarben angeboten. So können Sie die Bandagen nicht nur auf das Pferd und die Satteldecke, sondern auch auf Ihr eigenes Outfit abstimmen.

Gamaschen aus Leder oder Kunststoff erfüllen den gleichen Zweck wie Bandagen, sind aber schneller und leichter anzulegen. Die Schnallen der Strupfen müssen allerdings immer nach hinten zeigen und sich an der Außenseite des Pferdebeines befinden. Außerdem ist es wichtig, Gamaschen peinlich sauber zu halten, da sie sonst leicht die Pferdebeine wund scheuern.

Muster für die Pferdekruppe

Als besonderen Effekt sieht man auf den Turnieren häufig auf die Pferdekruppe gebürstete Schachbrett-Muster. Vor allem Füchse, Braune und Rappen haben ein Fell, das je nach Sonnen- bzw. Lichteinfall und je nach Strichrichtung der Haare heller oder dunkler glänzt. Diesen Glanz können Sie durch verschiedene Muster noch hervorheben.

Im Fachhandel gibt es Plastikbögen mit schon vorgefertigten Mustern zu kaufen. Am besten lassen sich diese aufmalen, wenn ein Helfer Ihnen den Bogen auf der gut angefeuchteten Pferdekruppe festhält. Sie brauchen dann nur mit einer Bürste die Haare im rechten Winkel zur natürlichen Fellrichtung wegziehen, und schon sind, je nachdem, wie die Aussparungen auf der Folie aussehen, die verschiedensten Muster auf der Kruppe zu erkennen. Die Muster halten sich noch länger, wenn Sie das Fell vorher mit Zukkerwasser behandelt haben. Nach dem Auftritt muß dies natürlich wieder gründlich herausgewaschen werden.

Ein Schachbrett-Muster können Sie relativ einfach mit Hilfe käuflicher Schablonen auf die Kruppe Ihres Pferdes zaubern.

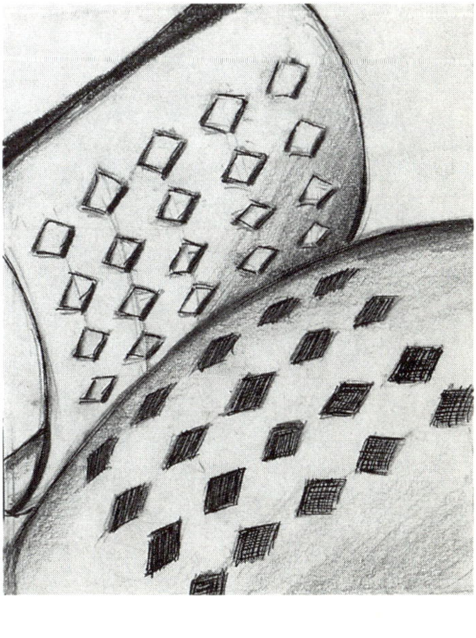

Schablonen selber basteln

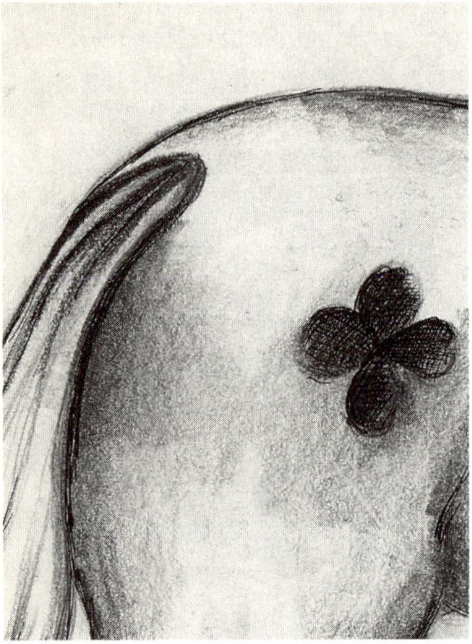

Sie können solche Musterbögen aber auch selbst erstellen. Hierzu zeichnen Sie Ihre bevorzugten Muster am besten erst auf Millimeter-Papier vor und übertragen sie dann auf eine dünne Folie. Nun müssen Sie nur noch die Muster ausschneiden, und schon haben Sie Ihre eigene Schablone fertiggestellt.

Sie sollten die Muster aber relativ einfach und großflächig wählen, wie eine strahlende Sonne, ein Kleeblatt, ein Stern, sonst sind die Zeichen nämlich nur schwer zu erkennen.

Wenn Sie gleich mehrere Zeichen auf die Kruppe malen möchten, dann sollten Sie die Folie, bevor Sie die Zeichen auflegen, erst auf die Ausmaße der Pferdekruppe zuschneiden.

Körperpflege und Fütterung vor der Schau

Vorbereitungen und Vorüberlegungen

Normalerweise sehen die Vorbereitungen für eine Schau bei fast allen Pferderassen gleich aus, denn Sie wollen ja ein sauberes und gut gepflegtes Pferd vorzeigen. Nun hat das Vorstellen der Pferde an der Hand aber auch seine Tücken. Fehler beim Präsentieren kommen um so mehr zum Tragen, je größer die Schau, die Konkurrenz und die Erwartungen der Richter sind.

Hält man am Ende einer Zuchtschau den Championatssieger am Zügel, so ist dieser Erfolg in den meisten Fällen nicht einfach so vom Himmel gefallen, sondern das Ergebnis einer langfristigen und konsequenten Vorbereitung.

Der Rassestandard

Das wichtigste Kriterium auf einer Zuchtschau ist der Rassestandard, der vorschreibt, wie die Pferde einer Rasse auszusehen haben. Bevor Sie also die Mühsal der vielen kleinen und großen Vorbereitungen auf sich und Ihr Pferd laden, viele Kilometer weit reisen und viel Geld ausgeben, betrachten Sie einmal sehr kritisch Ihr Pferd. Die Frage, ob es seinem Rassestandard entspricht, hat nichts damit zu tun, ob das Pferd gut oder schlecht, häßlich oder schön ist. Ja sogar ein im Turniersport erfolgreicher »Adonis« kann, wenn er nicht dem Standard seiner Rasse entspricht, auf einer Zuchtschau schlecht abschneiden.

Es gibt eine Vielzahl von Gründen, warum ein Pferd vor den Augen der Zuchtrichter keine Gnade findet: Es kann einen kleinen Fundamentsfehler haben, der bei der täglichen Arbeit gar nicht auffällt. Der Kopf kann zu edel oder zu grob sein, die Ohren zu kurz oder zu lang, oder es hat einfach die falsche Farbe.

Bevor Sie also zum erstenmal eine solche Veranstaltung als Aussteller besuchen, lassen Sie sich am besten von einem renommierten Züchter oder Richter beraten. Wenn Sie diese Möglichkeit nicht haben, suchen Sie sich eine kleine Schau aus, auf der die Konkurrenz nicht so groß ist. Hier können Sie und Ihr Pferd Erfahrungen sammeln. Eine Stuten- oder Fohlenschau, wie sie jedes Jahr von den verschiedenen Pferdestammbüchern abgehalten wird, wäre ein Anfang. Sie haben aber auch Nachteile. So sind die selteneren Pony- und Pferderassen oft nur sporadisch vertreten. Wenn die Konkurrenz aus zwei Teilnehmern besteht, ist ein erster Platz natürlich immer noch ein Grund, sich zu freuen, aber keine wirkliche Richtschnur für den Zuchtwert Ihres Pferdes.

Eine gut abgestimmte Fütterung gehört zu jeder Schauvorbereitung.

Eine ausgewogene Fütterung

Der Futterplan ist ein wichtiger Bestandteil der Schau-Vorbereitung. Wenn ich mich nach einer kritischen Begutachtung entschlossen habe, mein Pferd auf einer großen nationalen oder internationalen Schau vorzustellen, muß ich wissen, daß einige meiner Mitbewerber ihr Pferd ein Vierteljahr vor der Schau aufstallen, dies gilt gerade auch für die Ein- bis Dreijährigen. Auch wenn junge Pferde in diesem Alter eigentlich am besten auf der Weide aufgehoben sind. Ein Pferd im optimalen Futterzustand, das, wie man sagt, »im Lack« steht, macht einfach einen besseren Eindruck, als ein Pferd mit Heu- oder Grasbauch.

Zuviel eiweißreiches Kraftfutter kann allerdings genauso schädlich wie zu wenig Futter sein. Die Lösung liegt, wie immer, in der goldenen Mitte. Steigern Sie die Kraftfutterration nur sehr langsam und erhöhen Sie im gleichen Maß die Bewegung Ihres Pferdes, sonst riskieren Sie eine Kolik. Außerdem möchten Sie Ihr zukünftiges Reitpferd ja nicht mästen.

Ebenfalls sehr wichtig sind auf Jungpferde zugeschnittene Mineralfuttergaben, damit das Tier alle notwendigen Vitamine und Mineralien bekommt, die es für ein gesundes Wachstum braucht. Schließlich soll aus Ihrem vielprämierten jungen Pferd auch ein leistungsstarkes Reitpferd werden.

Reichliche Bewegung

Sie müssen Ihr Jungpferd also bewegen, aber wie machen Sie das am besten? Als erstes fällt einem das Longieren ein. Bei noch nicht ausgewachsenen Tieren mit unausgereiften Knochen und Gelenken ist das ewige Im-Kreis-laufen jedoch nicht zu empfehlen, da die weichen Gelenke zu stark belastet werden. Ein Pferd sollte aber auf alle Fälle lernen, sich an der Longe zu bewegen, damit Sie ihm bei mehrtägigen Veranstaltungen ohne großen Aufwand etwas Bewegung verschaffen können.

Wenn Sie Ihr Jungpferd zu Hause bewegen möchten, nehmen Sie es am besten als Handpferd auf den täglichen Ausritt mit. Neben der gesunden Bewegung lernt es dabei schon die verschiedensten Gelände- und Gefahrensituationen kennen und meistern. Es ist dann wahrscheinlich auch auf dem Veranstaltungsgelände nicht so nervös, wenn Sie es mit dieser völlig fremden Situation konfrontieren. Für diese Ausflüge ist es wichtig, daß Ihr Reitpferd ein ruhiger und gelassener Vertreter ist, der für den Unsinn seines »Lehrlings« Verständnis aufbringt. Auch Sie selbst sollten, bevor Sie ein Jungpferd mitnehmen, mit einem zweiten Verlaßpferd das Handpferdereiten ge-

Die Arbeit als Handpferd neben einem erfahrenen Reitpferd gewöhnt junge Pferde an viele ungewohnte Situationen.

übt haben und sicher beherrschen. Sonst begeben Sie sich in eine Gefahrensituation, in der Sie nur allzu schnell die Kontrolle verlieren können.

Sie dürfen Ihrem Jungpferd auf gar keinen Fall Gewaltmärsche zumuten. Eine halbe Stunde im Schritt kann ein junges Pferd schon sehr ermüden. Überfordern Sie Ihren Schützling nicht, sondern steigern Sie die Anforderungen nur sehr langsam, und stimmen Sie die Kraftfuttermenge auf seine Leistung ab.

Glänzendes Fell

Um den Fellglanz zu erhöhen, kennen Trainer die verschiedensten Geheimtips. Empfohlen werden als Futterzusätze Leingold und verschiedene Pflanzenöle (etwa ein Eßlöffel pro Mahlzeit), die regelmäßig dem Futter beigemischt werden.

Liegt der Schautermin in der kälteren Jahreszeit, ist es für den Erfolg notwendig, das Pferd einzudecken und täglich gründlich zu putzen. Sollte sich doch Winterfell gebildet haben, dann werden diese Pferde spätestens zwei Wochen vor der Schau geschoren. Dann sind die Haare wieder etwas nachgewachsen, und die Kanten vom Scheren sind nicht mehr sichtbar.

Artgerechte Pferdehaltung?

Viele dieser extremen Schauvorbereitungen verlangen eine Pferdehaltung, die mit artgerechter und gesunder Aufzucht nichts mehr zu tun hat. Ein junges Pferd sollte niemals 24 Stunden in einer Box stehen, sollte nicht Tag und Nacht eine Decke tragen und erst recht nicht von seinen Spielgefährten isoliert werden, nur damit das Fell an einem Tag im Jahr makellos schön und seidig glänzt. Wieviel Sie von diesen Vorbereitungen wirklich sich und Ihrem Pferd zumuten, müssen Sie daher selber abwägen.

Tröstlich bleibt zu vermerken, daß es ja nicht nur Schwarz und Weiß gibt, sondern auch unendlich viele Mitteltöne, die die Vorbereitungen wieder erträglicher machen. So können Sie Ihr Pferd stundenweise in den Auslauf oder auf eine nicht allzu fette Wiese schicken und den Rest mit Kraftfutter ergänzen. Sie müssen Ihr Pferd auch nicht zu Einzelhaft verdonnern; nur wenn dann vor der Schau häßliche Macken den Körper des Hengstanwärters verunzieren oder er als Folge eines Tritts lahmt, sollten Sie sich auch nicht ärgern, sondern sich mit Ihrem Pferd freuen, daß es so artgerecht aufwachsen darf.

Die Pflege vor der Schau

Ein edler Kopf

Bei einigen Rassen ist es üblich, vor einer großen Schau bestimmte Partien des Kopfes zu scheren. Gerade bei den amerikanischen Rassen, wie dem American-Saddlebred-Horse, Quarter Horse oder Paints wird die Mähne am Genickstück meist um eine Ohrlänge ausrasiert. Sie brauchen dazu nicht mit einem Zentimetermaß das Ohr vermessen, sondern legen das Ohr einfach nach hinten und sehen so, wie weit die Mähne weggeschoren werden muß. Es gibt hier wie bei allen solchen Verschönerungsmaßnahmen keine Reglementierungen, die einem vorschreiben, dieses oder jenes mit seinem Pferd zu tun. Die Richter sind es allerdings gewohnt, die Pferde

Auch Ihren teuren Zuchtperlen sollten Sie mehrere Stunden Bewegung auf der Weide oder im Auslauf gönnen.

einer Rasse in einer bestimmten Art und Weise herausgebracht zu sehen. Kein erfahrener guter Richter wird aber ein herausragendes Pferd an das Ende der Plazierung stellen, nur weil ihm die Frisur nicht gefällt. Wenn aber die Entscheidung knapp wird, liegt vielleicht doch das rassetypischer herausgebrachte Pferd vorn.

Besonders bei den Arabern oder anderen sehr edlen Pferden haben es die Pfleger auf die langen Gesichtshaare wie den Ziegenbart an den Ganaschen abgesehen. Das Gesicht wird zwei Wochen vor der Schau geschoren, damit die Kanten, die beim Scheren unweigerlich entstehen, sich wieder ein wenig verwachsen. Gewöhnen Sie Ihr Pferd an das unheimliche

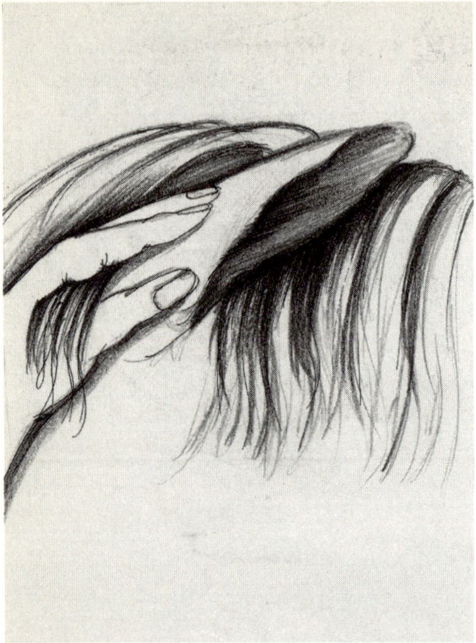

Bei manchen Pferderassen wird das Genickstück eine Ohrlänge ausrasiert. Dafür legt man das Ohr nach hinten an.

Klappergeräusch der Schermaschine, bevor Sie sie zum erstenmal einsetzen, damit es nicht vor diesem Apparat zurückzuckt oder sich gar verletzt.

Ganzkörper- oder Gesichtsschur

Wenn Sie das ganze Pferd scheren möchten, beginnen Sie natürlich auf jeden Fall am Körper. Wenn Sie während des Scherens merken, daß Ihr Pferd unruhig wird und anfängt zu zappeln, dann sollten Sie ihm eine Ruhepause verschaffen. Wenn Sie den Pferdekopf zusätzlich scheren wollen, sollten Sie Ihrem Vierbeiner auf jeden Fall ein bißchen Entspannung gönnen und mit dem Scheren erst am nächsten Morgen fortfahren. Wenn Sie beide sich ausgeruht haben, geht die Arbeit viel leichter von der Hand.

Bei der Gesichtsschur beginnen Sie am besten mit den langen Haaren an der Unterseite des Kopfes. Halten Sie Ihr Pferd dabei sehr gut fest, damit Sie es nicht verletzen können. Wenn Ihr Pferd diese Prozedur ohne große Beunruhigung über sich ergehen lassen hat, können Sie versuchen, auch unter dem Schopf zu scheren, denn hier steht immer noch ein dickes Knäuel langer Haare.

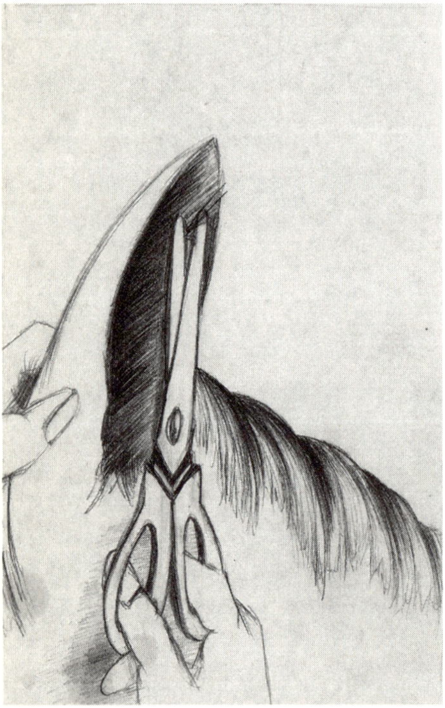

Wenn Sie nicht so weit in die Natur eingreifen wollen, dann schneiden Sie nur die aus den Ohren hervorragenden Haare mit einer runden Schere ab.

Bei den Profis werden auch die Ohren und die Ohrenränder ausrasiert. Das vollständige Ausrasieren der Ohren ist aber auf gar keinen Fall zu empfehlen, weil Sie sonst den empfindlichen Pferdeohren jeglichen Schutz vor lästigen Insekten rauben. Wenn Sie möchten, daß die Ohren schön und gepflegt aussehen, dann schneiden Sie die Haare, die aus der Ohrmuschel herausragen, auf der Höhe der Ohrenränder gleichmäßig ab. Sie können auch die langen Haare am Rand der Ohren kürzen, und schon sieht Ihr Pferd viel gepflegter aus, ohne daß Sie ihm einen Schaden zugefügt haben.

Wenn Sie keine Schermaschine zur Hand haben, können Sie natürlich auch mit einer Schere arbeiten. Gehen Sie dann wie Ihr eigener Friseur vor: Neh-

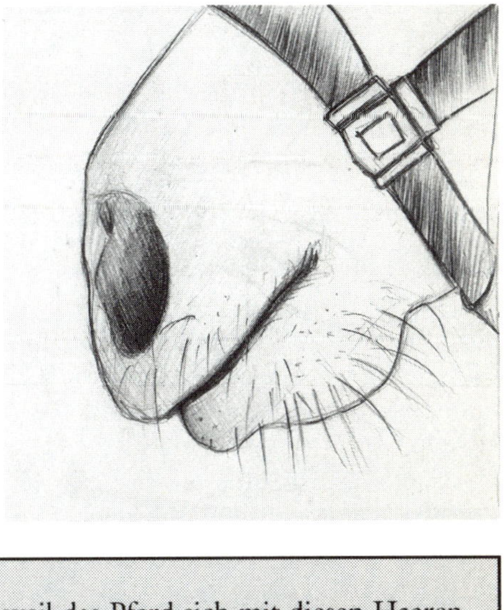

Wenn der Kopf Ihres Pferdes besonders edel aussehen soll, dann geben Sie kurz vor der Präsentation etwas Öl auf ein Tuch und reiben Ihrem Pferd damit vorsichtig das Gesicht ein (oben).

Tasthaare wegzuschneiden, grenzt an Tierquälerei! Man sollte davon absehen, Pferden diese wichtige Orientierungshilfe zu entfernen (rechts).

Tasthaare
Bei einigen Rassen ist es üblich, die langen Tasthaare abzuschneiden. Dabei handelt es sich aber um Tierquälerei, weil das Pferd sich mit diesen Haaren orientiert! Jeder Aussteller muß selbst wissen, ob er sich gegen das Wohl seines Pferdes entscheiden möchte!

men Sie einen schmalen Kamm in die eine und die Schere in die andere Hand. Fahren Sie mit dem Kamm gegen die Fellrichtung, und kürzen Sie die überstehenden Haare auf die gewünschte Länge.

Das Scheren am ganzen Körper ist in Deutschland eigentlich nicht üblich. Hier neigt man eher dazu, das Pferd einzudekken, damit es erst gar keinen Winterpelz bildet. Das Scheren hat allerdings den Vorteil, daß Ihr Pferd bis zwei Wochen vor der Schau auch im Winter draußen stehen kann und keine Decke tragen muß, während ein eingedecktes Pferd vom Fellwechsel an täglich 24 Stunden in einem künstlichen Mantel steckt.

Die Beine

Der Kötenbehang

Am Fesselkopf- oder Kötenbehang scheiden sich häufig die Geister. Bei den meisten Ponyrassen wie Haflingern, Dülmenern, Island- oder Fjordpferden beläßt man diesen Fesselbehang ganz natürlich.

Bei manchen Rassen gilt ein Pferd ohne starken Fesselbehang sogar als fast nackt. Dazu gehören selbstverständlich die Friesen, Welsh Cobs und natürlich auch die englischen Riesen, die Shire Horses. Hier würde niemand auf die Idee kommen, mit der Schere diesem natürlichen Schmuck zu Leibe zu rücken. Ganz im Gegenteil, er wird gehegt und gepflegt, shampooniert und trocken geföhnt.

Das ist aber auch notwendig, weil sich unter diesem dichten Behang leicht Mauke bildet, die gerade durch den dicken, ja fast luftdichten Fesselbehang nur sehr schwer wieder in den Griff zu bekommen ist.

Bei einigen anderen Rassen wie dem Deutschen Warmblut, dem Araber, dem American Saddlebred, aber auch bei dem Quarter Horse sollen die Gelenke möglichst gut zu sehen sein. Also wird der Fesselbehang abgeschnitten oder sogar geschoren. Hier passen die langen Haare

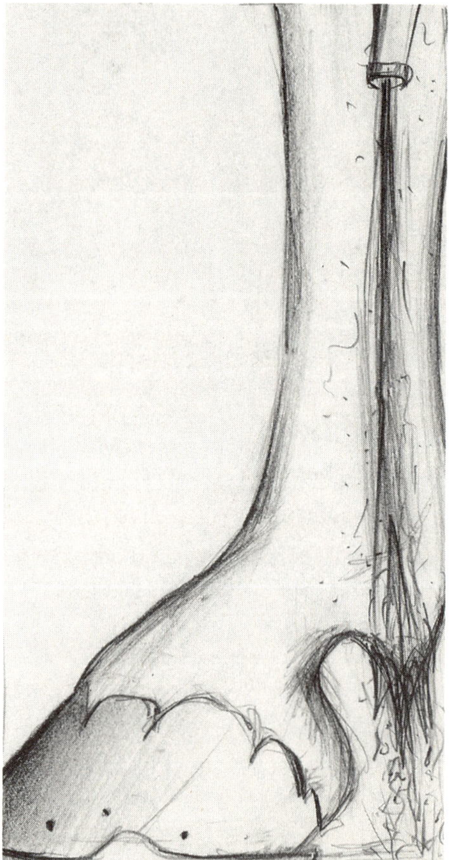

Der Fesselbehang wirkt wie eine Regenrinne und leitet das an den Beinen herablaufende Wasser an der Fesselbeuge vorbei.

nicht ins Weltbild des edlen Pferdes mit den trockenen, gut sichtbaren Gelenken.

Viele Pferdebesitzer vergessen dann allerdings, daß dieser Fesselbehang in der Natur einen sehr wichtigen Zweck erfüllt: Er leitet nämlich das gesamte Wasser, das an den Beinen entlangläuft, wie eine Regenrinne an der empfindlichen Fesselbeuge vorbei. Wenn Sie also den Fesselbehang vollständig kappen, dürfen Sie Ihr Pferd nicht im Regen draußen stehen lassen, und Sie müssen, wenn Sie das Pferd gewaschen haben, die Fesselbeuge besonders gründlich reinigen und trokkenreiben.

Die Haare am Kronrand

Bei einigen Pferderassen ist es üblich, die Haare am Kronrand vollständig wegzuschneiden. Wenn Sie nicht allzu sehr in die Natur eingreifen möchten, ist es besser, wenn Sie diese Haare lediglich auf eine akkurate Länge kürzen. Dies läßt sich sowohl mit einer Schere als auch mit einer Schermaschine leicht bewerkstelligen.

Die Kastanie

Da Ihr Blick schon einmal an den Beinen haftet, sollten Sie sich auch mit der Kastanie beschäftigen. Es handelt sich um eine im Laufe der Stammesgeschichte der Pferde zurückgebildete Zehe. Diese Hornbildung findet man bei jedem Pferd. Nur bei dem einen ist sie stärker als bei dem anderen ausgebildet. Wenn Ihr Pferd eine daumendicke, eisenharte Kastanie hat, ist dies ein kleiner Schönheitsfehler, der sich leicht beheben läßt.

Am besten nehmen Sie diese Arbeit nach dem Waschen in Angriff, denn dann ist die Kastanie schön eingeweicht und läßt sich leichter zurechtstutzen. Es handelt sich dabei um totes Horn, und solange Sie ihm nicht ins Fleisch schneiden, brauchen Sie keine Angst zu haben, Ihrem Pferd Schmerzen zuzufügen. Am besten läßt sich die Kastanie mit einem Messer oder einer Schere entfernen.

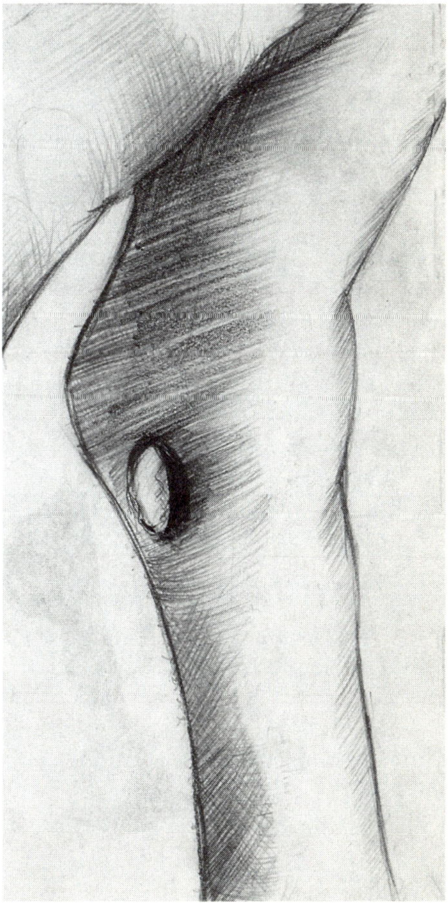

Eine zu groß geratene Kastanie ist ein kleiner Schönheitsfehler, der sich leicht beheben läßt.

Wenn Ihnen dies zu riskant erscheint, oder Ihr Pferd schlecht stehen bleibt, dann können Sie auch mit dem Fingernagel die Hornschicht vorsichtig abnehmen.

Dasselfliegeneier

Im Sommer und zu Beginn des Herbstes ist es sehr ratsam, die Pferdebeine und natürlich auch den Körper nach den kleinen, gelben Dasselfliegeneiern abzusuchen. Sie kleben meistens an den Beinen oder auch in der Mähne. Am besten lassen sie sich vorsichtig mit einem Messer oder einer scharfen Rasierklinge entfernen.

Die Hufpflege vor der Schau

Unter normalen Umständen reicht es, wenn ein Pferd mit gepflegten Hufen im Schauring erscheint. Wenn das Pferd »barfuß« geht, sollten die Hufränder auf gar keinen Fall ausgebrochen sein, denn ein schlecht gepflegtes und vernachlässigtes Pferd kann gar nicht so gut sein, daß der Richter es trotzdem mit dem ersten Platz auszeichnen würde.

Hufe einfetten

Es ist natürlich günstig, die Hufe kurz vor der Präsentation einzufetten, dann glänzen sie besonders auffällig. Dieser Trick hat nur einen Nachteil: Wenn das Pferd durch Sand oder matschigen Boden laufen muß, bevor es den Schauring betritt, dann klebt der Schmutz doppelt so fest an den frisch behandelten Hufen. Dieser Kniff läßt sich also nur bei einer festen Grasdecke nutzen. Auf jeden Fall sollten Sie die Hufe aber einen Tag vorher einfetten. Lassen Sie das Fett lange auf sauberem Boden einwirken, und polieren Sie die Hufe danach gründlich mit einem weichen Tuch. Dann sehen sie nach einer kleineren Säuberungsaktion auch am nächsten Tag immer noch schön aus. Den letzten Schliff bekommen sie dann, wenn sie noch einmal kurz vor der Schau mit dem gleichen Tuch nachpoliert werden.

Hufe lacken

Das Auftragen von schwarzem Huflack gehört mittlerweile bei den Arabern und auch bei den amerikanischen Rassen zu den üblichen Schauvorbereitungen. Diese Tinktur hat nur einen Nachteil, denn sie verschließt die Poren im Horn. Der Huf kann dann kein Wasser mehr aufnehmen und wird spröde. Dies gilt besonders, wenn übereifrige Aussteller versuchen, den Effekt durch Haarlack noch zu verstärken. Sie sollten daher Huflack nur vor den wirklich wichtigen Schauen auftragen.

Es ist ausgesprochen empfehlenswert, beim Auftragen der Tinktur Handschuhe zu tragen, weil der Lack sich nur sehr schlecht von der Haut entfernen läßt. Teilweise erweist sich der Lack als so hartnäckig, daß er im Laufe der Zeit herauswachsen muß.

Glatte Hufe

Jeder Pferdekenner weiß, daß sich eine Ernährungsumstellung an den Hufen eines Pferdes widerspiegelt. Es entstehen sogenannte Futterringe. Um so mehr wunderte es mich, als ich durch die Ställe eines Quarter Horse-Züchters ging und

Beim Lacken, wie es bei den Hufen von Arabern und den amerikanischen Rassen üblich ist, verstopfen die Poren im Horn. Man sollte sich daher überlegen, ob diese Prozedur wirklich nötig ist (rechts).

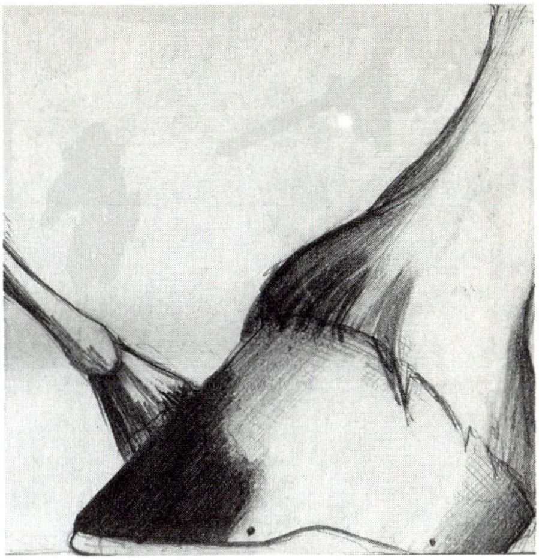

mir die Hufe seiner Importpferde betrachtete. Sie waren glatt wie Kinderhaut. Die Pferde hatten eine lange Flugreise hinter sich, und schon allein diese Strapazen hätten sich in der Hufqualität bemerkbar machen müssen, von Klima- und Futterumstellung ganz zu schweigen. Aber nichts davon war auf den Hufen dieser Pferde zu sehen. Neugierig fragte ich die amerikanische Trainerin, wie man denn so etwas bewerkstellige. Sie war sehr erstaunt über meine Frage, denn für sie lag die Antwort klar auf der Hand: Kleine Unebenheiten dieser Art werden mit einer Fräse begradigt. Jedem, der seinem Pferd auf diese Weise die Hufe glättet, sollte aber ganz klar sein, daß er so die empfindliche Hufglasur beschädigt!

Die Ausrüstung von Pferd und Aussteller für die Schau

Das Kopfstück

Hier reichen die Möglichkeiten vom einfachen Stallhalfter über das Vorführhalfter bis zum Zaumzeug mit Kandarengebiß. Mit einem einfachen, sauberen Stallhalfter, entweder aus Leder oder aus Nylon, in einer nicht zu auffälligen Farbe, liegen Sie bei einer Stuten- oder Fohlenschau immer richtig. Wenn Sie ein gehorsames Pferd besitzen oder viel Zeit ins Training investiert haben, können Sie Ihren Vierbeiner an einem passenden Anbindestrick vorführen. Wenn Sie es etwas eleganter mögen, investieren Sie zusätzlich 20,- DM und kaufen sich einen etwas längeren Vorführstrick, der Ihnen eine größere Bewegungsfreiheit ermöglicht.

Welcher Möglichkeit Sie nun den Vorzug geben, bleibt Ihnen überlassen. Nur selten schreibt das Regelwerk eine bestimmte Zäumung vor. Wenn Sie sich nicht sicher sind, ob eine bestimmte Zäumung vorgeschrieben ist, lesen Sie die Bestimmungen in der Ausschreibung lieber nach, oder rufen Sie einfach beim Veranstalter an und fragen nach, dieser muß es ja schließlich wissen.

Noch ein weiterer Tip: Fetten Sie Ihr Zaumzeug nicht zu kurz vor der Veranstaltung ein, sonst präsentieren Sie am Turniertag ein Pferd, dessen Kopf mit braunem Fett verschmiert ist.

Die Führkette

Wenn Ihr Pferd sich durch überschäumendes Temperament auszeichnet, sollten Sie sich als kleine Hilfe eine Kette in das Halfter einschnallen. Während beim Üben die Kette über die Nase geführt wird, sollten Sie sie auf der Schau unter dem Kinn entlanglaufen lassen, denn die relativ grobe Kette stört sonst die feine Gesichtslinie Ihres Pferdes.

Das Vorführhalfter

Gerade bei den Pferderassen, zu deren Rassenmerkmalen ein edler Kopf gehört, sollten Sie sich aber überlegen, ob Sie

Rechts oben: Beim Aufstellen ist es ganz wichtig, daß das Pferd in offener Stellung für mehrere Sekunden stillsteht. Nur dann haben die Richter die Möglichkeit, das bestechende Exterieur Ihres Pferdes gerecht zu beurteilen. Dies ist keine Glücksache, sondern auch Profis bereiten ihre Vierbeiner mit konsequentem Training für das Aufstellen vor.
Unten: Beim Aufstellen sollte das Pferd nicht gelangweilt die Ohren hängen lassen oder gierig den Hals nach dem nächsten Grasbüschel senken, sondern aufmerksam die Ohren spitzen und möglichst feurig blicken. Ein knisterndes Papier oder eine kleine Schleife an der Gerte können hier Wunder wirken.

297

125

Ein Schauhalfter sollte die Schönheit des Pferdekopfes unterstreichen.

nicht doch ein edles, feines Vorführhalfter kaufen möchten. Vielleicht haben Sie ja auch Bekannte, bei denen Sie sich ein solches Prunkstück ausleihen können.

Wenn Sie ein solches Halfter für nur ein einzelnes Pferd kaufen, sollten Sie es aber auch perfekt auf Ihr Pferd abstimmen. So kann ein edles, feines Halfter natürlich einen edlen Kopf herausheben, während ein etwas zu grober Kopf durch ein solches Halfter nur noch grober wirken würde. Hier wäre ein dickeres Halfter bestimmt vorteilhafter.

Achten Sie bei der Auswahl auch auf Kleinigkeiten. Wenn das Halfter messingfarbene Ringe hat, sollte auch die Vorführkette dieselbe Farbe haben. Ist das Halfter schwarz, sollte auch die Lederlasche an der Vorführkette schwarz sein. Dies dürfte aber bei einer Neuanschaffung nicht so kompliziert sein, weil Half ter und Vorführkette meistens gemeinsam und damit passend verkauft werden.

Links oben: Für die Schau muß ein Fohlen auf jeden Fall halfterführig sein. Es erfordert aber noch einiges Training, bis der kleine Vierbeiner so gefügig, am Longiergurt der Stute befestigt, mitläuft.
Unten: Wenn man am Ende einer Schau den Sieger am Zügel hält, ist dies in den meisten Fällen das Ergebnis regelmäßigen Trainings und einer überlegten Vorbereitung. Nicht alle Maßnahmen entsprechen dabei den Vorstellungen artgerechter Pferdehaltung, so daß jeder Pferdebesitzer für sich entscheiden muß, mit welcher Konsequenz er die Vorbereitung betreibt.

Vorführen mit Trense

Wenn Sie dieser komplizierten Auswahl aus dem Weg gehen möchten, können Sie Ihr Pferd natürlich auch mit Trense vorstellen. Hierzu sollten Sie allerdings das Sperrhalfter vom Englischen Reithalfter entfernen, damit die Richter die Gesichtslinie ohne Schwierigkeiten begutachten können. Meiner Meinung nach hat das Vorstellen mit Trense allerdings einen Nachteil. Immer wieder sehe ich, wie

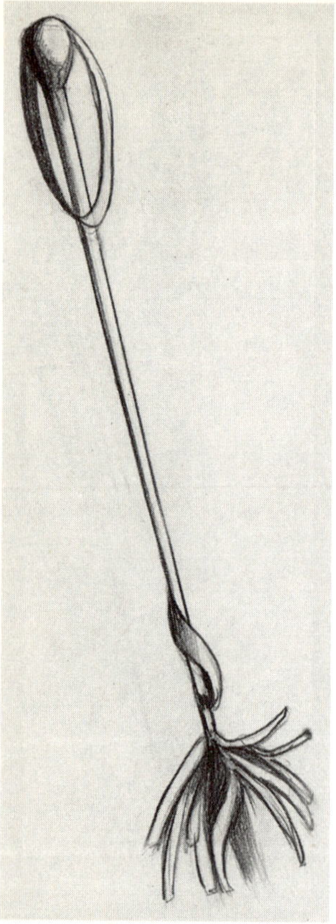

Manche Vorführer binden silberne oder glänzende Streifen an ihre Gerte, um so die Aufmerksamkeit des Pferdes zu erregen.

Jungpferde, die noch nicht geritten sind, mit Trense vorgestellt werden. Dabei hängen sich die Vorführer häufig unter Einsatz ihres ganzen Körpergewichts in die Zügel. Wie sollen aus diesen Pferden sensible Reitpferde werden, wenn ihre Mäuler durch solche Aktionen derart abgestumpft wurden?

Unterschiedliche Gepflogenheiten

Natürlich gibt es auch Zwänge außerhalb des Regelwerks. Welsh Cobs werden sehr oft mit dem weißen englischen Vorführhalfter vorgestellt. Dies sieht nicht nur wunderschön aus, sondern der englische Richter fühlt sich auch gleich heimisch.

Das gleiche gilt für den peruanischen Paso. Diese Pferde sollen extrem feinfühlig und sensibel sein, und wenn es ein Vorführer nötig hat, mit Trense vorzustellen, bekommt das Pferd sofort Abzüge.

Bei den Arabern gibt es modische Tendenzen. In einem Jahr sieht man auf den Schauen nur die traditionellen Troddeln, und ein anderes Mal wird nur mit weißem Halfter vorgeführt. Wenn Sie sich diesen Trends nicht anpassen wollen, liegen Sie mit einem feinen Vorführhalfter, das möglichst wenig vom Pferdekopf mit Leder verdeckt, nie falsch.

Die Gerte

Ob Sie eine Gerte bei der Schau verwenden wollen oder lieber nicht, hängt davon ab, wie Sie Ihre Pferde an der Hand arbeiten. Grundsätzlich ist eine lange Gerte aber immer praktisch. Pferde, die im Vorführring nur widerwillig antraben wollen, können Sie unauffällig mit einem kleinen Klaps auf die Hinterhand aufwecken. Stürmt Ihr Pferd gerne los, können Sie die Gerte auch als Barriere vor den Pferdekopf halten. Wenn Ihr Pferd beim Aufstellen nicht aufmerksam ist, können Sie ein bißchen damit wedeln. Die Einsatzmöglichkeiten der Gerte sind also sehr vielseitig, und wenn Sie sie nur dazu benutzen, um die Fliegen vom Pferdekörper zu verscheuchen.

Es gibt allerdings auch einige Pferderassen, bei deren Vorstellung der Gebrauch einer Gerte untypisch ist. Dazu gehören Paso Peruanos und auch Quarter Horses. Wenn Sie sich nicht sicher sind, ob eine Gerte im Vorführring erwünscht ist, können Sie sich einige andere Klassen vor Ihnen anschauen. Hat keiner der Vorführer eine Gerte dabei, lassen Sie Ihr gutes Stück besser auch im Auto.

Was ziehe ich an?

Bei den Stammbüchern ist die Kleiderfrage relativ schnell gelöst, da sie sogenannte Farben haben, die auch in der Ausschreibung stets erwähnt werden. So wird vom rheinischen Pferdestammbuch empfohlen, eine weiße Hose und ein grünes Oberteil zu tragen. Diese Regelung ist zwar nicht besonders praktisch, weil erfahrungsgemäß die meisten Hosen während des großen Auftritts entweder einen Grün-, Braun- oder Rotschleier aufweisen, je nachdem, ob das Pferd Gras, Leckerlis oder Mohrrüben vorzieht, aber wenigstens sieht das Bild sehr einheitlich aus. Praktisch sind hier weite Jogginghosen, die Sie über der Vorführhose tragen und erst kurz vor Ihrem Auftritt ausziehen. So haben Sie die größte Aussicht, Ihr Pferd in strahlend weißer Hose vorzuführen.

Auch bei den landesweiten Rasseschauen gibt es oft eine Kleiderordnung. Hier können Sie sich, wenn es nicht in der Ausschreibung vermerkt ist, bei der Geschäftsstelle der Rassevertretung informieren.

Das Schuhwerk

Am besten tragen Sie Schuhe, in denen Sie hervorragend laufen können, also bequeme Laufschuhe oder auch Turnschuhe. Führen Sie Ihre Schuhe nicht fabrikneu vor, sondern probieren Sie sie zumindest einmal vorher aus. Es wäre doch schade, wenn sie eine extrem glatte Sohle hätten und Sie auf der rutschigen Vorführwiese bei der ersten langen Seite Trab auf dem Hosenboden landen.

Western-Shows

Bei Westernpferden ist eine ordentliche Westernkleidung vorgeschrieben, die sich auch je nach Mode wieder ändert. Mit einer dunklen Jeans, entweder schwarz oder dunkelblau (nicht verwaschen), sind Sie aber immer richtig gekleidet. Außerdem brauchen Sie ein passendes Hemd oder ein schönes Jackett. Der obligatorische Hut darf natürlich auch nicht fehlen.

Pferde vorstellen

Korrektes Aufstellen

Der offene Stand

Auf den Schauen, egal ob auf den regionalen Stuten- und Fohlenschauen, auf Hengstkörungen oder auf nationalen und internationalen Rasse-Schauen müssen die Pferde im offenen Stand vorgestellt werden. Dabei steht das Pferd gleichmäßig auf allen vier Beinen, und der Betrachter kann alle vier Beine sehen.

Dieses Aufstellen ist ein sehr wichtiger Bestandteil der Präsentation, denn hierbei bewerten die Richter das Exterieur des Pferdes. Aber immer wieder gibt es auch auf großen Schauen Fälle zu sehen, wo das Aufstellen nur mit einer knappen halben Sekunde Stillstehen angedeutet wird. Sie sollten dem Richter aber genügend Zeit geben, sich von den Vorzügen Ihres Pferdes in aller Ruhe zu überzeugen und seine herrlichen Proportionen zu bewundern, denn was ein Richter nicht sieht, kann er auch nicht bewerten. Er wird sich bei seinem Urteil nicht gerne auf Mutmaßungen stützen, und daher wird er ein zappeliges Pferd immer schlechter als ein ruhiges beurteilen.

Übung macht den Meister

Also üben Sie, Ihr Pferd korrekt im offenen Stand aufzustellen. Dabei sollten Sie folgende Grundregeln beachten: Stellen Sie Ihr Pferd so vor dem Richter auf, daß alle vier Beine zu sehen sind und nicht nur das linke oder das rechte Beinpaar. Wenn Sie Ihr Pferd mit offener Mähne präsentieren, stellen Sie es mit der mähnenfreien Seite zum Richter auf, damit dieser die Halslinie wirklich beurteilen kann.

Hinter- und Vorderbeine sollten auf einer geraden Linie stehen, denn beim schiefen Aufstellen verschieben sich für den Betrachter die Proportionen. Sobald das Pferd richtig steht, tritt der Führende zurück, um den Richtern die Sicht auf den Kopf freizugeben. Allzu oft sieht man in dieser Situation gerade junge Pferde hinter ihren Vorführern her stürmen. In diesen Fällen wurde nicht genügend trainiert, denn für gründlich an der Hand ausgebildete Pferde stellt diese Übung kein Problem dar.

Kleine Tricks fürs Aufstellen

Nun soll das Pferd natürlich auch noch schön aufmerksam und freundlich nach vorne schauen und nicht gelangweilt versuchen, den Kopf in Richtung Gras zu

Ein wichtiger Teil der Präsentation ist das Aufstellen in den offenen Stand.

senken. Hier gibt es die verschiedensten Tricks. Ein kleines Zellophan-Papier in der Hand des Trainers, das verheißungsvoll vor dem Maul des Pferdes knistert, kann Wunder bewirken. Natürlich können Sie bei einem sensiblen Pferd auch hinter Ihrem Rücken mit der Gerte wedeln. Als Überraschungseffekt binden sich manche Vorführer kleine, glänzende Streifen an die Gerte.

Noch ein kleiner Tip: Bei quadratischen Pferden ist es nicht ratsam, sie noch einmal rückwärts zu richten, um das Aufstellen zu korrigieren. Ihr Rücken würde dann zu kurz wirken. Ein Pferd mit einer extrem langen Rückenpartie präsentiert sich dagegen nach dem Rückwärtsrichten möglicherweise positiver.

Das perfekte Aufstellen

Wenn Sie perfekt aufstellen wollen, nehmen Sie sich am besten die Halter-Prüfungen der Quarter Horses zum Vorbild.

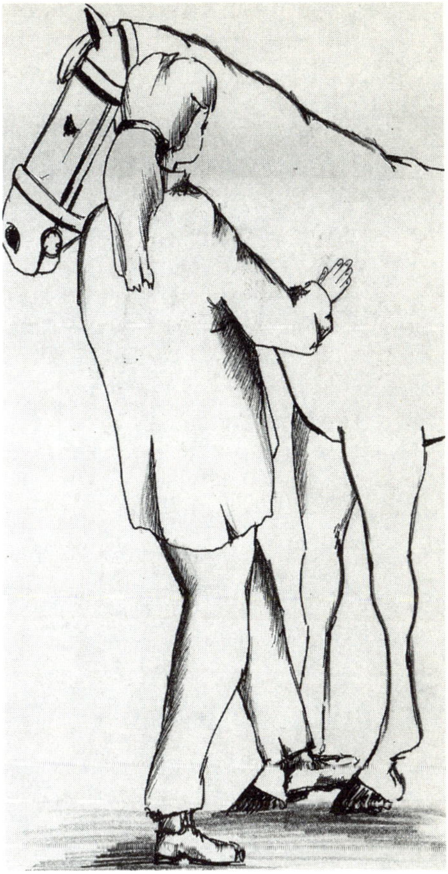

Die Profis bringen ihren Pferden bei, mit feststehendem rechtem Hinterfuß nacheinander das linke Hinterbein (linke Seite oben und unten), das rechte Vorderbein (oben links) und schließlich das linke Vorderbein (oben rechts) in ihrem Stand zu korrigieren. Wenn Ihr Pferd auf diese Weise das Aufstellen lernt, wird es sich auch in ungewohnten Situationen von seiner besten Seite zeigen.

Die Vorführer dieser Klassen lehren ihre Pferde, auf bestimmte Zeichen hin das eine oder das andere Bein zu bewegen. Eine solche Schulung benötigt allerdings ein gründliches und ausdauerndes Training. Die Vorsteller üben mit ihrem Pferd täglich fünf bis zehn Minuten und das über einen Zeitraum von ein bis zwei Monaten. Die aufwendige Vorbereitung bietet aber den Vorteil, daß die Pferde beim Aufstellen genau wissen, worum es geht, und sich meist schon von allein präsentieren. Außerdem ist die Zeit, die man mit Pferden arbeitet, ja nie vergeudet.

Aufstellen wie ein Profi

Sie können sich natürlich verschiedene Zeichen ausdenken, um dem Pferd klar zu machen, welchen Fuß es nun bewegen soll. Fangen Sie jedoch immer mit den Hinterbeinen an, sonst entsteht bei korrekt stehenden Vorderfüßen ein Problem: Es ist nämlich so gut wie unmöglich, die Stellung der hinteren Hufe zu korrigieren, ohne daß das Pferd dabei die Vorderfüße bewegt. Da ist es doch viel einfacher, gleich mit den Hinterbeinen zu beginnen. Arbeiten Sie mit sehr viel Lob. Wenn Sie tadeln, benutzen Sie ausschließlich die Stimme, denn ein Schlag mit der Gerte würde das Pferd hier nur mißverstehen und die Lust an der Arbeit verlieren.

Korrigieren der Beinstellung

Der Fuß hinten rechts bleibt immer stehen, während Sie den anderen Fuß vor und zurück bewegen, bis er auf seinem richtigen Platz steht. Wenn Sie es geschafft haben, loben Sie Ihr Pferd ausgiebig, lassen es einen Moment so stehen und beenden dann die Arbeit für den Tag. Beim nächstenmal wiederholen Sie die Lektion, und wenn Ihr Pferd sich an das Gelernte erinnert und auf Ihr Zeichen die Hinterbeine richtig hinstellt, fangen Sie mit dem Huf vorne rechts an. Da auch Pferde Gewohnheitstiere sind, ist es wichtig, die Stellung der Beine immer in derselben Reihenfolge zu korrigieren.

Das Kommando, um den Huf vorne rechts zu bewegen, ist: Hand auf den Widerrist legen und das Pferd zu sich hinüberziehen. Gleichzeitig tippt man dem Pferd mit dem Fuß auf den Huf vorne rechts. Dies erfordert auch von dem Trainer Fingerspitzengefühl und Übung. Lassen Sie sich also nicht entmutigen, wenn es bei den ersten Versuchen nicht recht klappt. Es ist ja schließlich nur noch ein Huf übrig, der in seiner Aufstellung korrigiert werden muß. Wenn Sie den Huf vorne links in seiner Stellung korrigieren möchten, drücken Sie mit der Hand seitlich gegen die Schulter und tippen gleichzeitig mit Ihrem Fuß den Huf an. Nach Ihrer gewissenhaften Vorarbeit werden Sie und Ihr Pferd diesen Schritt sicher meistern.

Nun haben Sie immer noch nicht genug und wollen die Kunst des Vorführens noch weiter perfektionieren. Dann bleibt Ihnen noch eine Herausforderung, bei der Sie mit der Führkette arbeiten. Dabei halten Sie den Pferdekopf nach unten-rechts, und das Pferd soll den Huf hinten-links bewegen. Halten Sie dagegen den Kopf nach oben-links, dann bewegt es das Bein vorne-rechts. Wenn Sie den Kopf hoch und nach rechts halten, bewegt es das Bein vorne-links. Dies ist doch ganz einfach, oder etwa nicht? Und denken Sie daran, das Bein hinten-rechts bleibt immer stehen.

Verlieren Sie bei Startschwierigkeiten bitte nicht den Mut. Denn auch professionelle Vorsteller benötigen bei täglichem Training für diese Übungen mindestens zwei Monate. Vielleicht kann Sie die Tatsache trösten, daß einmal gelernte Lektionen ein ganzes Leben lang sitzen. Während andere Vorführer vor ihrer Präsentation Blut und Wasser schwitzen und nur beten können, daß sich ihr Pferd richtig hinstellt, haben Sie die Gewißheit, daß Ihr Vierbeiner ganz genau weiß, was von ihm erwartet wird.

Werden Sie also nicht ungeduldig, Ihr Pferd spürt Ihre Stimmungsschwankungen und wird sonst die Freude am Training verlieren. Das korrekte Aufstellen ist keine Selbstverständlichkeit, die jedem Pferd in die Wiege gelegt wurde, sondern eine Herausforderung für Ihre Geduld und Ihre Fähigkeiten als Trainer.

Vorführen

Lassen Sie sich nicht von »befreundeten Fachleuten« verwirren, die noch nie ein Pferd vorgestellt haben, aber ganz genau wissen, daß dies ja wohl so schwer nicht sein kann. Schließlich muß man sich nur vor den Richter hinstellen und ein paar Runden laufen.

Diese »Fachleute« haben sicher noch nicht erlebt, wenn aus dem geliebten Fohlen vor den Augen der Zuschauer ein ungebärdiger Halbstarker wird, und wissen sicher auch nicht, wie man sich fühlt, wenn man selber vor lauter Nervosität alles vergißt, was man jemals über das Vorstellen von Pferden gehört hat. Gegen diese Nervosität hilft nur das Gefühl, sich und auch sein Pferd sorgfältig vorbereitet zu haben.

So sieht das Bild perfekt aus: Pferd und Vorführer schweben im Gleichschritt an den Richtern vorbei.

Hier wurde nicht geübt! Das Pferd drängelt gegen den Vorführer, so daß keiner mehr geradeaus laufen kann. So wird die Beurteilung der Gänge sicher schlecht ausfallen.

Von Könnern lernen

Am besten ist es, wenn Sie die Schau, die Sie im nächsten Jahr mit Ihrem Pferd besuchen möchten, schon einmal im laufenden Jahr anschauen. Dann wissen Sie, was Sie dort erwarten wird, und Sie können sich wesentlich besser auf die Veranstaltung vorbereiten. Schauen Sie sich die Profis im Ring an, beachten Sie auch die unauffälligen Kleinigkeiten: Wie steht der Vorführer zum Richter? Am besten stellen Sie sich so hin, daß Sie sowohl Ihr Pferd als auch den Richter im Auge behalten können. Versuchen Sie einmal für sich mitzurichten. Natürlich kann es Ihnen passieren, daß im nächsten Jahr ein anderer Richter mit einem anderen Geschmack vor Ihnen steht, aber die Art, wie ein Vorführer sein Pferd präsentiert, wird sich nicht so schnell ändern.

Auch können Sie natürlich aus den Fehlern anderer lernen. Feinheiten unterscheiden einen guten Vorführer von einem schlechten. Schließlich möchten Sie Ihr Pferd ja so gut wie möglich vorstellen. Wenn der Richter es nicht für gut befindet, dann ist das eine Sache, aber wenn Sie als Vorführer dem Erfolg eines guten Pferds im Weg stehen, ist es sehr bedauerlich.

Trainingsbeginn

Zunächst bringen Sie Ihrem Jungpferd bei, im fleißigen Schritt neben Ihnen herzugehen. Es darf Ihnen nicht zu nahe kommen, sonst können sich weder Sie noch Ihr Pferd ungestört bewegen. Üben Sie mit Ihrem Pferd, daß es einen gewissen Sicherheitsabstand hinter Ihnen wahren muß. Klebt das Pferd an Ihrer Schulter, dann läuft es nicht gerade, und der Richter kann den Gang nicht korrekt beurteilen. Es ist ebenfalls nicht ratsam, Ihr Pferd mit dem Ellenbogen an der Schulter zu bremsen. Widerstehen Sie dieser Versuchung, die Pferdeschulter ist ausgesprochen gut gepolstert, und die meisten

Tiere reagieren darauf, indem sie zurückdrängeln. Schon befinden Sie sich auf einem unschönen Zick-zack-Kurs.

Beim Training sollten Sie sich auf Kopfhöhe mit dem Pferd befinden, und als Gedächtnisstütze können Sie Ihrem Pferd die Gerte als Barriere vor den Kopf halten. Im Schauring wünscht man sich später einen Vorführer, der sich auf Schulterhöhe mit dem Pferd bewegt. Dies ist zwar ungewohnt und verringert die Einwirkungsmöglichkeiten, aber bei einem trainierten Pferd sollte dies kein Problem darstellen.

Am schönsten ist es, wenn Sie Ihr Pferd auf eine Armlänge oder mehr vorführen können. Die peruanischen Trainer präsentieren ihre Paso Peruanos an einem Führstrick von zwei Metern Länge, und dabei schlägt kein Pferd über die Stränge.

Anhalten

Am besten üben Sie das Vorführen in einer Bahn oder an einem Zaun. Beginnen Sie mit dem Anhalten. Führen Sie Ihr Pferd im ruhigen Schritt auf dem Hufschlag herum, bleiben sie auf Kopfhöhe mit Ihrem Pferd. Beim Kommando »Halt« machen Sie mit Ihrem Körper eine Wendung von 180 Grad und stellen sich Ihrem Pferd entgegen. So können Sie ihm den Weg versperren und das Kommando eindringlich wiederholen. Vergessen Sie nie, ein gehorsames Pferd zu loben! Hat es erst einmal begriffen, worum es geht, und reagiert auf Ihr Stimmkommando, bleiben Sie neben dem Pferd auf Kopfhöhe.

Trainieren des richtigen Führabstandes

Wenn Ihr Pferd Ihnen während des Trainings zu nah auf den Leib rückt, wird es Zeit, es langsam von dem ständigen Körperkontakt zu entwöhnen. Lassen Sie Ihr Pferd auf dem Hufschlag gehen, und treten Sie weiter in das Bahninnere hinein. Durch die Anlehnung an die Bande wird das Pferd außen bleiben und die Nähe zu Ihnen nicht vermissen. Wenn es Ihnen trotzdem folgen sollte, können Sie weiche, schlangenartige Bewegungen mit dem Führstrick in Richtung des Kopfes machen. Eine weitere Möglichkeit ist es, die Gerte als Abstandhalter zu benutzen.

Hilft alles nichts, können Sie auf den folgenden Trick zurückgreifen: Dabei arbeiten Sie mit zwei Führenden. Schnallen Sie jeweils einen Strick rechts und links in das Vorführhalfter ein. Wenn das Pferd nun zu sehr nach links driftet, wird es von rechts korrigiert.

Hat sich das Pferd an den Abstand gewöhnt, wechseln Sie einmal durch die Länge der Bahn und versuchen dabei, den Abstand aufrecht zu erhalten. Klappt dies schon recht gut, laufen Sie kreuz und quer durch die Bahn. Wollen Sie die Probe aufs Exempel stellen, dann gehen Sie auf den Hufschlag und lassen Ihr Pferd innen gehen. Läuft es immer noch mit genügend Abstand neben Ihnen her, machen Sie im Schauring mit Sicherheit eine gute Figur. Trainieren Sie Ihr Pferd auf Ihre Körpersprache. Wenn Sie stehenbleiben, soll es ebenfalls stoppen, wenn Sie schneller werden, soll es seine Schritte entsprechend verlängern, wenn Sie »Gänsefüßchen« gehen, soll es ebenfalls auf der Stelle treten. Hat es gelernt, sich auf Sie zu konzentrieren, wird es Ihnen

Wenn ein Pferd beim Training von beiden Seiten geführt wird, lernt es leicht den richtigen Abstand zu halten.

auch während der Präsentation aufmerksam folgen und nicht nach anderen Pferden schauen oder sich durch lautes Gewieher bei seinen Artgenossen bemerkbar machen.

Im Schauring

Wenn Sie Ihr Pferd im Schritt zeigen, denken Sie bitte daran, große weite Schritte zu machen, denn dann wird sich auch Ihr Pferd raumgreifend bewegen. Viele Menschen lassen sich durch Ausnahmesituationen derart unter Druck setzen, daß sie den Atem anhalten, sich verkrampfen und dies auch auf ihr Pferd übertragen. Atmen Sie ganz bewußt ruhig und gleichmäßig durch, geben Sie sich selbstsicher, dann wird auch Ihr Pferd keinen Grund zur Beunruhigung haben.

Das schwierigste am Vorstellen ist das korrekte Vortraben, besonders wenn schwungvolle Gänge erwartet werden. Bedenken Sie dabei immer, auf der den Richtern abgewandten Seite zu laufen, denn Sie möchten bei der Begutachtung Ihres Pferdes nicht im Wege sein. Deshalb führen Sie Ihr Pferd auch gerade auf den Richter zu. Dabei ist es ratsam, Pferde mit schwungvollen Gängen in starkem Tempo zu zeigen. Laufen Sie so schnell, daß Ihr Pferd mit lockeren, weiten Bewegungen neben Ihnen hertrabt. Laufen Sie allerdings zu schnell, wird es aus dem Takt geraten und möglicherweise angaloppieren. Um Ihr Pferd optimal vorzustellen, sollten Sie nicht nur Ihre Sprinterqualitäten trainieren, sondern auch über eine gute Kondition verfügen.

Die Höhe der Knieaktion hängt nicht nur von der Geschwindigkeit ab, sondern auch davon, wie gelöst sich Ihr Pferd bewegt. Wenn Sie beide also im Takt laufen und auch gleichmäßig beschleunigen, braucht die Geschwindigkeit gar nicht so hoch zu sein, damit sich Ihr Pferd von der besten Seite präsentiert. Am schönsten ist das Bild, wenn Vorsteller und Pferd im Gleichschritt am Publikum vorbeischweben.

Wenn Ihre Schau im Sommer stattfindet, sollten Sie auf jeden Fall eine Anti-Fliegen-Lotion auftragen. Insekten können ein Pferd zum Wahnsinn treiben, und Ihre ganze Vorbereitungsarbeit wäre mit einem Schlag zunichte gemacht.

Korrektes Vorstellen von Stute und Fohlen

Auf Stutenschauen müssen auch die Fohlen ihre Qualitäten unter Beweis stellen. Es gibt verschiedene Möglichkeiten, ein Fohlen wirkungsvoll vor den Richtern zu präsentieren.

Wenn Sie einen Helfer haben, kann

Wenn Sie die Kette so verschnallen, sollten Sie mit der Methode von Linda Tellington-Jones vertraut sein.

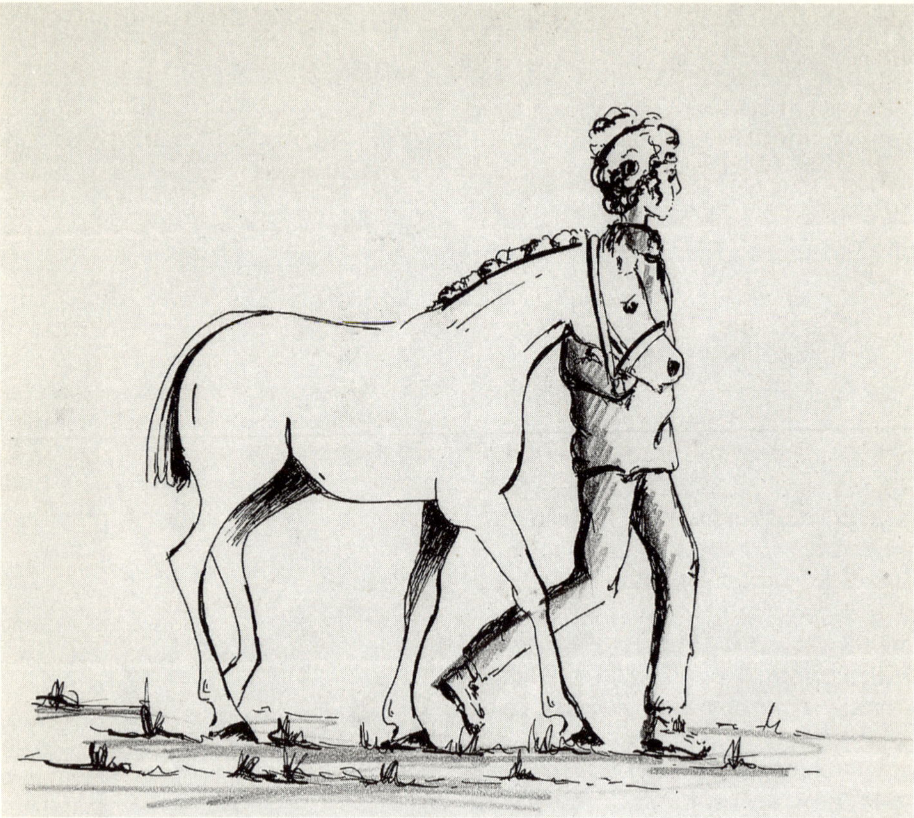

Wenn Sie Ihr Fohlen ohne die Mutterstute vorstellen, müssen Sie vorher gründlich geübt haben.

dieser die Stute an die Hand nehmen, während Sie das Fohlen führen. Es sollte auf jeden Fall von demjenigen geführt werden, der am besten mit dem Tier vertraut ist. Meist sind die Kleinen durch die ungewohnte Umgebung und die vielen fremden Pferde und Menschen sowieso schon stark verunsichert.

Halfterführigkeit

Wenn Sie Ihr Fohlen vorstellen möchten, muß es wenigstens halfterführig sein. Dies ist eine Aufgabe, die mindestens ein bis zwei Wochen Zeit beansprucht. Sonst stellt die erste Anforderung, die Sie an Ihr Fohlen herantragen, gleich eine Überforderung des jungen Tieres dar. Gewöhnen Sie Ihr Fohlen langsam und behutsam an ein Halfter. Sehr praktisch sind vielseitig verschnallbare Nylonhalfter, die dann mit dem Fohlen mitwachsen können und so immer die richtige Größe haben. Ein passendes Halfter verringert außerdem die Verletzungsgefahr ganz wesentlich.

Wenn das Fohlen sich an das Halfter und das Aufhalftern gewöhnt hat, kommt das Führen als nächster Lernschritt an die Reihe. Am besten üben Sie auf der vertrauten und gesicherten Koppel. Am Anfang ist die Sache meistens noch relativ einfach, weil das Fohlen, durch die neue Situation verunsichert, sich instinktiv an die Mutter drückt. Dies kann sich aber schlagartig ändern, wenn es kecker und selbständiger wird. Gegen diesen geballten Ansturm ist man als Führender meist ziemlich hilflos. Deshalb gilt alles, was bei einem erwachsenen Pferd zutrifft, noch viel mehr für ein Fohlen: Ziehen Sie Handschuhe an, und wickeln Sie sich auf keinen Fall den Führstrick um die Hand!

Abschreckende Beispiele

Es gehört sehr viel Wissen und jahrelange Erfahrung dazu, um innerhalb der wenigen Sekunden einer Schau richtig zu reagieren. Es gibt leider immer wieder scheußliche Bilder zu sehen, die als Abschreckung ausreichen sollten. Fohlen, die kerzengerade steigen und sich durch eine falsche Reaktion des Führenden dann überschlagen. Viele Fohlen haben sich schon das Genick oder den Rücken verletzt, weil die Führenden versucht haben, die fehlende Übung und Erfahrung durch Kraft auszugleichen. Durch Gewalt lassen sich diese kleinen Energiebündel aber nicht halten.

Fohlen gekonnt vorstellen

Aus Sicherheitsgründen empfehle ich eine andere Methode des Vorstellens, bei der das Fohlen an seine Mutter gebunden wird. Selbstverständlich ist es auch bei dieser Vorstellungsart notwendig, das Fohlen vorher vorsichtig an das Aufhalftern und das Führen heranzubringen. Die Stute trägt dabei einen Longiergurt, an den das Fohlen angebunden ist. Binden Sie das Fohlen weder zu kurz noch zu lang an, sonst kann es schnell zu Komplikationen kommen. Bei einem zu langen Strick kann das Fohlen mit den Beinen hineingeraten, wohingegen es bei einem zu kurzen Strick durch ein stark eingeschränktes Sicht- und Bewegungsfeld schnell in Panik geraten kann.

Am besten üben Sie diese Situation schon während des Putzens. Binden Sie dafür erst die Stute und dann das Fohlen an. Am ersten Tag lassen Sie die beiden nur ruhig stehen. Sie können das Paar auch ein wenig putzen. Lassen Sie aber dieses Gespann auf keinen Fall aus den Augen! Zur Sicherheit muß immer jemand in der Nähe sein, der im Notfall schnell eingreifen kann.

Am folgenden Tag gehen Sie mit Stute und Fohlen im Schritt um die Fohlenweide. Dabei wird Ihnen der muntere Nachwuchs sicher den einen oder anderen Schreck einjagen. Sei es, indem er versucht, alle Viere in den Boden zu stemmen oder mit einem Vorwärtshüpfer die Bande zu sprengen.

Hier ist es sehr vorteilhaft, wenn Sie auf einen erfahrenen Helfer zurückgreifen können, der dann mit einer langen Longiergerte hinter dem Paar herläuft, sich aber außer Reichweite der langen Fohlenbeine hält. Natürlich darf das Fohlen niemals mit der Gerte geschlagen werden, dies ist auch in keinem Fall notwendig, da die sich bewegende Stute ja ihren Sprößling mit sich zieht. Eine leichte Berührung oder ein Schatten von hin-

Wenn das Fohlen an den Bauchgurt der Mutterstute angebunden wurde, dann entstehen auf der Schau keine Probleme.

ten gibt dem Fohlen die richtige Vorwärtstendenz. Meist begreifen die Fohlen sehr schnell, daß sie nur neben ihrer Mutter herlaufen müssen, und schon ist die Welt wieder in Ordnung. Wenn dies einige Male sehr gut geklappt hat, versuchen Sie es einmal im Trab. Denken Sie daran, daß Sie das Fohlen und nicht die Mutterstute präsentieren. Sie dürfen daher nur so schnell laufen, daß Ihr Fohlen sich im schönen Trab zeigen kann. Lassen Sie beim Training einen Fachmann zuschauen, der Ihnen Tips für das richtige Tempo gibt.

Führzügelklassen

Die Jüngsten zeigen ihr Können

In England hat die Führzügelklasse eine sehr lange Tradition. Hier können die

Ein gut aufeinander abgestimmtes Trio gehört meist zu den Siegern.

Jüngsten zeigen, wie weit ihr Können im Sattel schon fortgeschritten ist. So werden sie langsam und fröhlich an den Turniersport herangeführt. In Deutschland ist diese Prüfungsart noch relativ jung und als »Pampersklasse« verschrieen. Aber auch deutsche Richter und Veranstalter freunden sich zunehmend mit dieser Klasse an, die sich auf den Turnieren als wahrer Zuschauermagnet erweist.

Bei dieser »Prüfung« ist es wichtig, daß Reiter und Pferd gut zusammenpassen. So ist es nicht Sinn und Zweck dieser Klasse, einen Drei-Käse-Hoch auf Mutters Turnierpferd zu heben und drei- bis viermal im Kreis zu führen. Das Kind soll hingegen selbständig auf einem Pony reiten können. Der Führzügel wird nur in das Sperrhalfter eingeschnallt und ist daher nur eine Sicherheitsleine, die zur Anwendung kommt, sobald Gefahr in Verzug ist.

Das äußere Erscheinungsbild

Trotzdem soll das Bild von Kind, Pferd und Vorführer harmonisch sein. Dies können Sie nicht nur dadurch erreichen, daß Sie das Führen vorher gründlich üben, sondern auch durch ein Zusammenspiel der Kleidung. So können Reiter und Führender sich einheitlich kleiden, und dabei muß nicht immer die schwarze Turnierjacke mit weißer Reithose und Stiefeln zum Zuge kommen. Es kann auch eine schwarze Hose mit einem einfarbigen Pullover sein. Besonders schön sieht es aus, wenn die Pullover, die Bandagen und die Satteldecke des Ponys in derselben Farbe gehalten sind. Die Bandagen werden ja heute in so vielen modischen Farben angeboten, daß die Farbabstimmung kein Problem sein dürfte. Wenn Sie keine farbig passende Satteldekke finden, können Sie etwas Stoff kaufen und daraus leicht einen Bezug nähen, ähnlich wie bei einem Kissen. Um das Bild komplett zu machen, können Sie zusätzlich mit einem kleinen Stoffrest noch den Stirnriemen des Zaumzeugs umkleiden. Zwar gewinnt man allein mit schönem einheitlichen Aussehen keine Prüfung, aber das äußere Erscheinungsbild kann im Zweifelsfall doch das entscheidende Tüpfelchen auf dem i sein.

Wenn Sie sich auf eine bestimmte Farbe festgelegt haben und Sie Ihre Ausrüstung einfach nicht zusammen bekommen, gibt es noch die Möglichkeit, die Ausrüstung in weiß anzuschaffen und dann mit Textilfarbe in der Waschmaschine einzufärben. Der Fachhandel bietet eine große Auswahl verschiedener Farbtöne. Zwei Pullover, eine Satteldecke und vier Bandagen passen gut in eine Waschmaschinentrommel. Beachten Sie aber bitte genau die Anleitung für den Färbevorgang.

Kleider passend zum Herkunftsland des Pferdes

Sie können die Kleidung aber noch weiter auf die Pferde abstimmen, indem Sie sich von dem Herkunftsland Ihres Ponys oder Pferdes inspirieren lassen. Bei englischen Ponys ist ein Reitjacket mit Jodhpurhose und -stiefeln ausgesprochen stilecht, beim Haflinger darf es auch schon mal eine Trachtenjacke sein, und beim Islandpferd ist der passende Pullover mit den landestypischen Mustern natürlich besonders ansprechend.

Anhang

Nützliche Adressen

Deutsche Pferdezuchtverbände

Baden-Württemberg:
Pferdezuchtverband Baden-Württemberg e. V., Heinrich-Baumann-Str. 1–3, 70190 Stuttgart

Bayern:
Landesverband Bayerischer Pferdezüchter e.V. und Verband der Kleinpferdezüchter Bayerns e.V., Landshamerstr. 11, 81929 München

Berlin/Brandenburg:
Pferdezuchtverband Berlin/Branden burg e. V., Hauptgestüt 10, 16845 Neustadt/Dosse

Hessen:
Verband Hessischer Pferdezüchter e. V., Thoméestr. 3, 34117 Kassel

Verband der Ponyzüchter Hessen e. V., Rheinstr. 91, 64295 Darmstadt

Mecklenburg/Vorpommern:
Verband der Pferdezüchter Mecklenburg-Vorpommern e. V., Speicherstr. 11, 18273 Güstrow

Niedersachsen:
Verband Hannoverscher Warmblutzüchter e. V., Lindhooperstr. 92, 27283 Verden/Aller

Verband der Züchter des Oldenburger Pferdes, Donnerschweer Str. 72–80, 26123 Oldenburg

Verband der Pony- und Kleinpferdezüchter Hannover e.V., Johannssenstr. 10, 30159 Hannover

Nordrhein Westfalen:
Rheinisches Pferdestammbuch e. V., Endenicher Allee 60, 53121 Bonn

Westfälisches Pferdestammbuch e. V., Sudmühlenstr. 31–35, 48157 Münster

Rheinland-Pfalz und Saarland:
Pferdezuchtverband Rheinland-Pfalz-Saarland e. V., Pferdezentrum, 67816 Staudenbühl

Sachsen:
Pferdezuchtverband Sachsen e. V., Winterbergstr. 98, 01237 Dresden

Sachsen-Anhalt:
Pferdezuchtverband Sachsen-Anhalt e.V., Frommhagenstr. 55, 39576 Stendal

Schleswig-Holstein:
Verband der Züchter des Holsteiner Pferdes e.V., Steenbecker Weg 151, 24106 Kiel

Verband der Züchter und Freunde des Ostpreußischen Warmblutpferdes Trakehner Abstammung e.V., Großflecken 68, 24534 Neumünster

Thüringen:
Verband Thüringer Pferdezüchter e.V., Thüringer Landesverwaltungsamt, Carl-August-Allee 1 a, 99423 Weimar

Adressen anderer Zuchtverbände oder Interessengemeinschaften

American Saddlebred Horse Association Deutschland e.V., L. Rosenberger, Lüsbacher Weg 136, 53347 Alfter-Witterschlick

Verband der Züchter des Arabischen Pferdes e.V., Schellingstr. 14, 30625 Hannover

Verband der Freunde und Züchter des Pferdes reiner spanischer Rasse (Andalusier), W. Bruns, Kohlstattweg 10, 86875 Waalhaupten

Connemara Interessengemeinschaft e.V., Am Brombeerschlag 3, 81375 München

Interessengemeinschaft Fjord, Zum Tal 20, 66606 St. Wendel

Friesenpferd-Zuchtverband e.V., Geschäftsstelle, Gut Brückenhaus, 40822 Mettmann

Island-Pferde-Reiter- und Züchterverband e.V. (IPZV), Jüchtstr. 24, 53773 Bad Honnef

Paint Horse Club Germany, H. Oelke, 58553 Halver-Othmaringhausen

Pasopferde Verband (PPV), D. Martin, Riedwiesenhof, Licherstr. 311, 35447 Reiskirchen

Paso-Peruano-Vereinigung Deutschland, Grünring 85, 48282 Emsdetten

Deutsche Quarter Horse Association e.V., Hauptstr. 63, 73655 Plüderhausen

Interessengemeinschaft der Shetlandpony-Züchter e.V., In der Langenbach 5, 57250 Netphen

Interessengemeinschaft Welsh-Pony- und -Cob-Züchter, J. Kötter, Oberstr. 32, 34393 Grebenstein-Udenhausen

Register